JN238734

10倍売れる Webコピーライティング

コンバージョン率平均4.92%を稼ぐ
ランディングページの作り方

バズ部・著

技術評論社

●**本書をお読みになる前に**

・本書に記載された内容は、情報の提供のみを目的としています。したがって、本書を用いた運用は、必ずお客様自身の責任と判断によって行ってください。これらの情報の運用の結果について、技術評論社および著者はいかなる責任も負いません。
・本書記載の情報は、2014年3月現在のものを掲載していますので、ご利用時には、変更されている場合もあります。

以上の注意事項をご承諾いただいた上で、本書をご利用願います。これらの注意事項をお読みいただかずに、お問い合わせいただいても、技術評論社および著者は対処しかねます。あらかじめ、ご承知おきください。

●**商標、登録商標について**

本書に登場する製品名などは、一般に各社の商標または登録商標です。なお、本文中に™、®などのマークは記載しておりません。

本書の刊行に際して

　本書を手に取っているあなたは、おそらく「10倍売れる」というフレーズに興味を惹かれたのではないでしょうか？　そして、本当に10倍売れるようになるのか半信半疑で、今、このページを開いていることでしょう。

　そんなあなたは、きっと今まで、様々な情報を参考にして、多くのコピーを試してきたのだと思います。しかし、その努力がなかなか結果につながらず、ガッカリしてきたことと思います。

　それでは、なぜ今まで、コピーライティングで結果を出すことができなかったのでしょうか？　私が知る限り、その一番の原因は、売るためのテクニックに走ってしまい、コピーライティングの本質である「ユーザーが求めている情報を伝える」という視点を失ってしまっていることにあります。

　その証拠に、今あなたの頭の中は「どういうコピーライティングだったら売れるだろうか？」という気持ちで一杯になっていることでしょう。その視点から作られたランディングページは、ユーザーが知りたいことではなく、あなたが言いたいことばかりを伝えようとするものになっているはずです。

　それでは売れるものも売れません。

　本書が他のコピーライティング本と違うところがあるとしたら、それはテクニックに走るのではなく、ユーザーそのものを深くリサーチするという当たり前のことに重きを置いていることです。そして、そのリサーチをもとに、ユーザーが、商品やサービスを買いやすくなる

ために知りたい情報が正しく伝わるコピーの書き方を、誰でも実践できるように、やさしく具体的に書いています。

実践していただければ、簡単に売上が倍増します。

実は弊社も一時、「どうやったら売れるのだろうか？」というお金目線に走りそうになったことがあります。しかし、不思議なことに、うまく売ろうとすればするほどコンバージョンが下がり、お金がどんどん逃げていったのです。当時は、問い合わせが月に1、2件までに落ち込んでしまいました。

そこで、「ユーザー目線」という当たり前のことを再認識し、とにかくユーザーに価値を与え続けることだけに集中するようになりました。すると、それだけで毎月どころか、毎"日"、驚くほど多くのお問い合わせが入ってくるようになったのです。

今では弊社のランディングページは平均4.92％のコンバージョン率を記録できるようになっています。これは平均を遥かに上回る数字です。

もちろん、これは弊社だけで起きた限定的な現象ではありません。「バズ部式」を導入したクライアント様のサイト全てで、今までにない件数のコンバージョンを取れているため、各企業の担当者様が「こんなの今まで見たことがない」と口をそろえておっしゃられます。

実は、タイトルの「10倍」という文言でも控えめなぐらいなのです。なぜ、そんなに結果が違うのかは、本書を読み進めていただければ、すぐにご理解いただけると思います。

本書が、あなたのお役に立てば幸いです。

はじめに

セールスには「ルール」がある

　突然ですが、あなたは「自分にはセールスなんてムリ！」と思い込んでいませんか？　またはセールスにはセンスが必要で、センスのない人間は一生モノを売ることはできないと勘違いをしていませんか？
　セールスとはセンスや才能ではなく「科学」です。そして科学である以上、成果を出すためのルールがあります。そのルールの通りにセールスのステップを進めるだけで、決まった確率でモノが売れていくのです。
　特にインターネット上での販売においては、アクセス数や成約率、精読率などのデータも詳細に取ることができるので、「セールスの科学」を、より効果的に発揮することができます。ですので、コピーライティングについて話を始める前に、まずは、「セールスの科学」に関して詳しくお話させて下さい。
　19歳のころ（2005年）、わたしは電機店でカメラの販売員をしていました。「簡単に売れるだろう」と意気込んで始めたのはいいものの、最初はどれだけ頑張っても売れず、日に日に元気がなくなり、出勤することさえ嫌になっていました。
　そんな中、落ち込んでいる私を見かねた先輩が、「この通りに話せば売れるよ」と、セールストークのテンプレートを手渡してくれたのです。
　早速、その先輩社員の方に付き合ってもらい、テンプレート通りに話せるように練習をして、次の日に試してみました。すると、今までどれだけ頑張っても売れなかったカメラが飛ぶように売れていくのです。しかも、面白いぐらいに、毎日決まった割合で……。

はじめに

　このような経験は他にもあります。たとえば、新卒で入社した不動産会社で営業マンをしていたときのことです。当たり前のことですが、新人の営業マンは、いきなりチラシやWebサイトからお問い合わせいただいた、「購入する見込みの高い」お客様を担当することはできません。

　したがって、新人は自分のお客様を持つために「売り出し」をやります。売り出しとは、販売中の新しい物件の前に立って、その前を通りがかる人に声をかけて、物件を観ていただくことを指します。

　そして、物件を観ていただく際に、アンケートに、お名前／住所／電話番号／年収をご記入いただきます。そうやって、記入していただいたアンケートが、新人営業マンにとって唯一の顧客リストになるのです。

　そこでも、最初は全く成績がでませんでした。それどころか、売り出しで見込み客を獲得することすらできません。3ヵ月たっても、半年たっても、売り出しさえ、ろくに出来なかったのです。

　一方、いつも売り出しで10人以上の見込み客を獲得するという、驚異的な成績を残していた同僚がいました。彼は特別に話がうまいわけでも、顔が良いわけでもありません。しかし、売り出しにいくと必ず濃い見込み客を見つけてくるのです。

　私は、彼から何とかヒントを得ようとして、チャンスがあるたびに観察するようになりました。そして、そこで気づいたのが、彼は常に同じ表情、同じ声のかけ方、同じ説明のしかたをしているということです。誰に対してもいつも同じなのです。

　そこで私は、彼が話している内容をすべてメモにまとめ、家に帰って練習をして早速試してみることにしました。表情も、話すスピードも、身振り手振りも、内容も、すべて真似をしました。

　すると、今まで何をやってもダメだったのがウソのように、見込み客のリストが集まり出したのです。一番良いときは、何と一日で25人もの見込み客を獲得することができました。

モノを売るにはルールがある。
そして、ルール通りにやれば誰でも売れるようになる。

　このとき私は、こう確信しました。
　そして、それからというもの、あらゆるセールストークを紙に書き起こすことが習慣になりました。自分が成功したときのセールストークはもちろん、機会さえあれば、自分以外の人のセールストークもメモに取り、書き起こすようになりました。
　今では、紙に書き起こすことはなくなりましたが、このように自分や自分以外の人の行動について、なぜ？ と考える習慣は続いています。

　たとえば、先日、近所のお祭りに出かけました。そこでは、震災復興支援のボランティアの方々が、宮城県の野菜や魚介類を売っていました。
　そして売り場の近くには、ボランティアの炊き出しや、宮城県の被災者の方々が、雪の積もった厳しい環境の中でプレハブに住みながら、一生懸命に笑顔でお店を開いている姿を写した写真が飾られています。
　何となく、それらの写真を眺めていたら、20代前半の若い男性が礼儀正しく、「宮城で採れた野菜も見ていきませんか？」と一言。被災地の写真を眺めていた私は、何となく「親切な自分」という自分像を壊すことができず、若い男性の礼儀正しい申し出を断ることはできませんでした(注：認知的不協和)。
　そして、自信満々に宮城県の野菜のおいしさをアピールされ、「そんなにおいしいのか」と思っていたところ、「一口、トマトを食べてみて下さい」と頼んでもいないのに、手渡されてしまいました(注：自尊心仮説とフリー戦略)。そのトマトを食べてしまった私は、何か安いものでいいから、買ってお返ししないとなと思い、キュウリを買ってしまい

はじめに

ました（注：返報性の原理）。

　すると、今度は、その隣で「笹かまぼこおいしいよ！　1つ食べなよ」と威勢の良いおっちゃんが満面の笑顔で、笹かまぼこの試食を手渡してくれました。結局、私は、その笹かまぼこも買ってしまいました（注：一貫性の原理。なお、ここで挙げた原理を知りたい方は、ぜひ自分で調べて体感してみて下さい）。

　今では、このように自分がものを買うときの心理的な変化と、そこで使われている心理テクニックの名称／種類も瞬時に思い浮かぶようになりました。結果わかったことは、セールスには3つの段階があるということです。

> 1つ目は、お客様に興味を持ってもらう段階
> 2つ目は、お客様に「欲しい」と思ってもらう段階
> 3つ目は、お客様に「決断」をしていただく段階

　それぞれの段階で、言うべき言葉、伝えるべき情報が決まっています。そして、それこそがセールスの科学であり、モノを売るためのルールなのです。

- お客様に興味を持ってもらうにはこう言えば良い
- 興味を持ったお客様に「欲しい！」と思ってもらうにはこう言えば良い
- 欲しいと思ったお客様に決断してもらうにはこう言えば良い

こうしたルールに気づいてから、モノや場所を問わず、何だって、面白いように売れるようになりました。ソフトウェアでもハードウェアでも、一般消費財でも売れますし、実際の対面営業でもインターネット上でも売れるのです。
　そう、セールスのルールさえ理解すれば、モノも場所も問わず売れるようになります。そして、この「モノを売るためのルール」は、そのままコピーライティングにも当てはまるのです。

　ここまで読み進んできたあなたは、おそらく「なぜ、コピーライティングの本なのに、セールスの話をしているのか？」と不思議に思っていることでしょう。
　その理由は3つあります。

> ① セールスには「売るためのルール」があると知っていただきたかった
> ② そのルールを知れば、どんな商品でも売れると知っていただきたかった
> ③ どんな商品でも売るためのルールが、コピーライティングにも、そのまま当てはまることを知っていただきたかった

　そう、実際のセールスに「売るためのルール」があるように、文字によるセールスの手段であるコピーライティングにも、「効果実証済みの売れるためのルール」があるのです。
　そして、対面でのセールスも、文字上でのセールスも、同じセールスである以上、そこにある原理原則は同じです。ですので、コピーライティ

はじめに

ングでも、セールスのルールに従うだけで、スランプに陥ることもなく、常に高い成果を出すセールスレターを書けるようになります。

　少しだけ思い返してみて下さい。
　おそらく、今まであなたも、コピーライティングの本をたくさん読み込んできたことでしょう。しかし、実際に売れるコピーを書こうとすると、結局何を書けば良いのかわからなくなり、挫折してきたのではないかと思います。
　または、苦労してやっとセールスレターを書き上げたとしても、ほとんど売れないという経験をしてきたのではないでしょうか？
　本書を読めば、もうそのような問題に悩まされる必要はありません。なぜなら、本書では、コピーライティングの技法とともに、

> 何を言えば、お客様があなたの商品に興味を持ってくれるのか？
> 何を言えば、お客様があなたの商品を欲しいと思ってくれるのか？
> 何を言えば、お客様が実際にお金を払って商品を購入してくれるのか？

というセールスのルール／原理原則をお伝えするからです。

　それだけではありません。本書の目的は、誰がやっても必ず同じ結果が出る、「売れるセールスレターの作り方」のルールを知っていただくということだけではなく、実際にそれを実践していただくことです。
　スムーズに実践していただくため、それぞれの段階に、売れるセールスレターを書くための材料となるワークシートを付けています。この

ワークシート通りに実践していただければ、必ずあなたは、売れるセールスレターを書くことができます。

とても重要なことなので繰り返します。

本書を読み込み、ワークシートを実践すれば、たとえ、あなたがコピーライティングどころか、気合いを入れて文章を書くことすら初めてだったとしても、必ず売れるセールスレターを書くことができます。

ですから、ぜひ本書を隅から隅まで一文字も逃すことなく読みこんで下さい。

すると、今まで何をやっても売れなかった商品が、飛ぶように売れるようになります。商品が売れれば、当然、お金（売上）が入ってきます。お金が入って懐が潤えば、事業拡張でもなんでも、やりたいことができるようになります。すると、あなたのビジネスがどんどん成長していきます。

ですので、どれだけ時間がかかったとしても、本書を、最後まで真剣にお読み下さい。

その時間は、決してムダにはなりませんから。

バズ部　森山 裕彬

● CONTENTS ●

本書の刊行に際して ・・・・・・・・・・・・・・・ 3
はじめに ・・・・・・・・・・・・・・・・・・・・ 5

第1章 ● セールスコピーライティングの基礎

1-1 コピーライティングに必要不可欠な4つの要素 ・・・・・・・ 18
　　　プロのコピーライターも基本を忘れると結果が出ない ・・・・ 19

1-2 キャッチコピーの機能と役割 ・・・・・・・・・・・・・・ 20
　　　キャッチコピーに対する誤解 ・・・・・・・・・・・・・ 21
　　　センスの良い自己満足のキャッチコピーは役に立たない ・・・ 22
　　　セールスに必要なのは、お客様の目線に立った「効く」キャッチコピー
　　　　　　　　　　　　　　　　　　　　　　・・・・・・・ 23
　　　効くキャッチコピー　vs.　自己満足のキャッチコピー ・・・ 23
　　　お客様の目線に立ってキャッチコピーを考える ・・・・・・ 24
　　　効くキャッチコピーがあって、初めてセールスのチャンスが生まれる
　　　　　　　　　　　　　　　　　　　　　　・・・・・・・ 25
　　　効くキャッチコピーに共通するたった2つのルールとは？ ・・ 26

1-3 ボディコピーの機能と役割 ・・・・・・・・・・・・・・ 28
　　　効くボディコピーとは？ ・・・・・・・・・・・・・・ 28
　　　販売員のセールストーク実例 ・・・・・・・・・・・・ 29
　　　売れるセールストークに隠された4つの要素とは？ ・・・・ 32
　　　お客様が抱える4つの疑問とは？ ・・・・・・・・・・ 33
　　　ボディコピーに必要なのは、「結果」「実証」「信頼」「安心」 ・ 37

1-4 クロージングコピーの機能と役割 ・・・・・・・・・・・ 39
　　　人は決断を先延ばしにする生き物（先延ばし症候群） ・・・ 39
　　　クロージングを怠ると何も売れない ・・・・・・・・・ 41
　　　クロージングで何を伝えるべきか？ ・・・・・・・・・ 41
　　　注文せずにはいられないオファーとは？ ・・・・・・・・ 42

　　　　魅力的なオファーを構成する４つの要素・・・・・・・・・・ 43

1-5　追伸コピーの機能と役割・・・・・・・・・・・・・・・・・・ 46

1-6　コピーライティングは４つのパーツがあって初めて機能する・・・・・ 48
　　　　まずはリサーチをして材料を集めよう・・・・・・・・・・・・ 49
　　　　10の材料の組み合わせで売れるセールスレターが完成する・・・・ 49

第２章 ● コピーライティングリサーチ編

2-1　キャッチコピーリサーチ・・・・・・・・・・・・・・・・・・ 54
　　　　どんぴしゃりの見込み客が見つかるターゲット選定法・・・・・・ 54
　　　　STEP 1　見込み客のデモグラフィック変数の収集・・・・・・・・ 55
　　　　　　ケーススタディ　英会話を学びたい人のデモグラフィック変数を仮定
　　　　　　　　　　・・・・・・・・・・・・・・・・・・・・・・ 56
　　　　　ワークシート①　デモグラフィック変数の収集シート・・・・・ 58
　　　　STEP 2　見込み客のサイコグラフィック変数の収集・・・・・・・ 59
　　　　　　サイコグラフィック変数を知るための３つの方法・・・・・・ 63
　　　　　ワークシート②　サイコグラフィック変数の収集シート・・・・ 64
　　　　STEP 3　ターゲットに響く訴求ポイント（ベネフィット）の選定
　　　　　　　　　　・・・・・・・・・・・・・・・・・・・・・・ 66
　　　　　　ベネフィットとは？・・・・・・・・・・・・・・・・・・ 66
　　　　　　３種類の見込み客・・・・・・・・・・・・・・・・・・ 69
　　　　　　最適なベネフィットを見つけるための３ステップ・・・・・・ 70
　　　　　ワークシート③　ベネフィットリスト書き出しシート・・・・・ 70
　　　　　ワークシート④　ベネフィットリストを５個に絞る・・・・・・ 71
　　　　　ワークシート⑤　最も反応が良かったベネフィットは？・・・・・ 72

2-2　ボディコピーリサーチ・・・・・・・・・・・・・・・・・・ 74
　　　　「結果」パートの材料集め・・・・・・・・・・・・・・・・ 74
　　　　　ワークシート⑥　結果パート書き出しシート・・・・・・・・・ 75
　　　　「実証」パートの材料集め・・・・・・・・・・・・・・・・ 77
　　　　　　ケーススタディ　英語教材に見る実証例・・・・・・・・・・ 77

CONTENTS

　　　　説得力が倍増する三段論法テクニック・・・・・・・・・・・ 79
　　　　　心理実験　三段論法の効果・・・・・・・・・・ 80
　　　　　ワークシート⑦　実証パート書き出しシート ・・・・・・ 82
　　「信頼」パートの材料集め ・・・・・・・・・・・・・・・・ 84
　　　　信頼の裏にある権威の力・・・・・・・・・・・・・・ 85
　　　　心理実験：権威の力・・・・・・・・・・・・・・・・ 86
　　　　　ワークシート⑧　信頼パート書き出しシート ・・・・・・ 87
　　　　信頼の材料が見つからない場合の対処法・・・・・・・・ 88
　　「安心」パートの材料集め ・・・・・・・・・・・・・・・・ 91
　　　　お客様が求めている本当の安心とは？・・・・・・・・・ 91
　　　　　心理実験　社会的証明の威力・・・・・・・・・ 92
　　　　　ワークシート⑨　安心パート書き出しシート ・・・・・・ 93
　　4つのパーツの組み合わせの型・・・・・・・・・・・・・・ 94
　　　　①「結果→実証→信頼→安心」パターン・・・・・・・・ 95
　　　　②「結果→安心→実証→信頼」パターン・・・・・・・・ 96
　　　　③「結果→信頼→安心→実証」パターン・・・・・・・・ 97

2-3 クロージングコピーリサーチ ・・・・・・・・・・・・・ 98
　　簡便性・・・・・・・・・・・・・・・・・・・・・・・・ 98
　　　　　心理実験　簡便性の有効性・・・・・・・・・・ 99
　　　　簡便性を演出する方法・・・・・・・・・・・・・・・ 100
　　　　　ワークシート⑩　簡便性書き出しシート ・・・・・・・ 101
　　希少性・・・・・・・・・・・・・・・・・・・・・・・・ 102
　　　　　心理実験　希少性の罠・・・・・・・・・・・・ 102
　　　　希少性を演出する方法・・・・・・・・・・・・・・・ 103
　　　　　ワークシート⑪　希少性書き出しシート ・・・・・・・ 104
　　特典・・・・・・・・・・・・・・・・・・・・・・・・・ 106
　　　　　ワークシート⑫　特典書き出しシート ・・・・・・・・ 107
　　保証・・・・・・・・・・・・・・・・・・・・・・・・・ 108
　　　　　ワークシート⑬　保証書き出しシート ・・・・・・・・ 109

2-4 すべての材料を組み合わせることで売れるレターが完成する ・・・・ 110

第3章 ● コピーライティング実践編

- ③-1 構成の概要 ・・・・・・・・・・・・・・・・・・・・・・・・・・・ 114
- ③-2 キャッチコピーのひな形作成 ・・・・・・・・・・・・・ 115
  - 反応率の高いキャッチコピーの7つの型 ・・・・・・ 115
  - 効果的なキャッチコピー実例 ・・・・・・・・・・・・・・ 118
- ③-3 各パートの当てはめと見出し作成 ・・・・・・・・・ 120
  - 構成例 ・・・・・・・・・・・・・・・・・・・・・・・・・・・・・ 122
- ③-4 追伸の作成 ・・・・・・・・・・・・・・・・・・・・・・・・ 128
  - 追伸で伝えるべき3つの要素 ・・・・・・・・・・・・・・ 128
- ③-5 キャッチコピーを完成させる ・・・・・・・・・・・・ 130
  - キャッチコピー周りとは？ ・・・・・・・・・・・・・・・ 130
  - 効果的なキャッチコピー周りの作成法 ・・・・・・・・ 131
- ③-6 全体チェック ・・・・・・・・・・・・・・・・・・・・・・ 133
  - キャッチコピーのチェックポイント ・・・・・・・・・ 133
  - ボディコピーのチェックポイント ・・・・・・・・・・ 135
  - クロージングコピーのチェックポイント ・・・・・・ 138
  - 追伸コピーのチェックポイント ・・・・・・・・・・・・ 140
  - その他のチェックポイント ・・・・・・・・・・・・・・・ 141

おわりに ・・・・・・・・・・・・・・・・・・・・・・・・・・・・・・・ 142

第 1 章

セールスコピーライティングの基礎

第1章 ● セールスコピーライティングの基礎

1-1 コピーライティングに必要不可欠な4つの要素

どのような商品／サービスを扱っているとしても、どの媒体を使うとしても、セールスレターは、常に4つのパーツによって成り立っています。その必要不可欠な4つのパーツとは、**「キャッチコピー」「ボディコピー」「クロージングコピー」「追伸」**です。

セールスレターの4つのパーツ

```
┌─────────────────────┐
│  ┌───────────────┐  │
│  │  キャッチコピー  │  │
│  └───────────────┘  │
│  ┌───────────────┐  │
│  │               │  │
│  │   ボディコピー   │  │
│  │               │  │
│  └───────────────┘  │
│  ┌───────────────┐  │
│  │ クロージングコピー │  │
│  └───────────────┘  │
│  ┌───────────────┐  │
│  │     追伸      │  │
│  └───────────────┘  │
└─────────────────────┘
```

これらは、少しでもコピーライティングをかじったことのある人にとっては、当たり前のことでしょう。しかし、残念ながら、お金を受け取ってクライアントのためにコピーを書いているプロのライターですら、この基本をしっかりと理解していない方が多いのです。

そして、基本を押さえていないセールスサイトは、結局、広告費を回収できないと判断されて、ほぼ例外なく消えていきます。一方、これらの基本の4つのパーツでしっかりと構成されているセールスサイトは、ずっと広告出稿が続いていて、頻繁に目にします。広告出稿が続いているということは、現在進行形で利益が出ているということです。つまり、基本をしっかりと押さえたセールスコピーだと、しっかりとモノが売れるのです。

▶ プロのコピーライターも基本を忘れると結果が出ない

　逆に、この基本の4つのパーツが、頭からスッポリと抜け落ちたまま書き始めてしまうと、どれだけ優れた書き手であったとしても成果は出ません。必ずスランプに陥ります。

　そして、一度スランプに陥ると、どれだけ苦労してセールスコピーを書き上げても、状況はまったく改善に向かいません。結局、時間と予算ばかりかかってしまい、売上はあがらず、経営はどんどん苦しくなっていきます。

　実は、私は一時期、まさにそのような状態に陥ってしまったことがあります。Web上で良く見るセールスサイトとは一線を画した、ユニークでオリジナルなものを作りたいというエゴが生まれてしまったのです。

　もちろん、売上は極端に落ち込み、お金が入ってこないので経営が苦しくなり…。

　あなたは決してそんなことにならないように、最初に、それぞれのパーツの役割を、誰にとっても分かりやすく、簡単に理解できるようにみっちりとお伝えします。「もう知っているよ」とは言わずに、じっくりと読み進めて下さい。

　読み進めているうちに、必ず重要な気づきを得ることができます。そして読み終わるころには、私が、今お伝えしたことが、本当に重要なんだということを、ハッキリと理解することができているはずです。

> 🖑 重要ポイント！
>
> セールスコピーは「キャッチコピー」「ボディコピー」「クロージングコピー」「追伸」の4つのパーツで成り立っている。

1-2 キャッチコピーの機能と役割

> 見込み客の興味をつかみ、
> ボディコピーへと読み進めてもらうこと

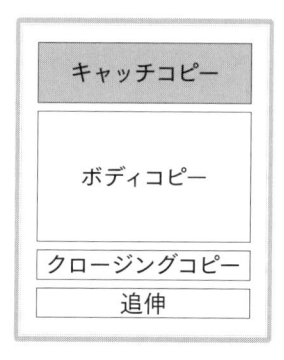

```
┌─────────────────────┐
│  ┌───────────────┐  │
│  │  キャッチコピー  │  │
│  ├───────────────┤  │
│  │               │  │
│  │   ボディコピー  │  │
│  │               │  │
│  ├───────────────┤  │
│  │ クロージングコピー │  │
│  ├───────────────┤  │
│  │     追伸      │  │
│  └───────────────┘  │
└─────────────────────┘
```

突然ですが、あなたは「80 vs. 20の法則」の法則を聞いたことはありますか？ 会社に10人いたとしたら、会社の利益の80％は、2割の社員が生み出していて、残りの8割の社員が、利益の20％を生み出すという法則です。

実は、コピーライティングの世界にも、「80 vs. 20の法則」があります。どういうことかと言うと、10人の人間がセールスレターを開いたとしたら、その内の8人はキャッチコピーを見ます。そして、キャッチコピーを見ていた8人のうち、興味を持って、中身を読み進めようとしてくれるのは、たったの2人だけなのです。

これがコピーライティングの世界の「80 vs 20.の法則」です。しかし、優れたキャッチコピーは、この2人を3人、4人と引き上げる力があります。すると、単純に、売上が1.5倍、2倍と増えていきます。逆に、キャッチコピーの出来が悪いと、ひとりしか読み進めてくれないかもしれません。すると、それだけで売り上げは半減します。もう、キャッチ

コピーの重要性は痛いほどおわかりですね。

そう、キャッチコピー次第で、セールスレターが読まれるかどうかが決まるのです。

キャッチコピーに対する誤解

キャッチコピーといえば、どのような言葉が思い浮かびますか？　おそらく、ほとんどの方は、テレビCMなどでよく耳にしそうな、次のような言葉を思い浮かべるのではないでしょうか。

> ・愛だよ愛
> ・No music, No life
> ・キレイなお姉さんは好きですか？

しかし、残念ながら、セールスコピーライティングの世界では、これらはキャッチコピーとは言いません。なぜなら、こうしたおしゃれな言葉、いえ率直に言うと、自己満足の言葉では、お金は生まれないからです。

そしてお金を生まないのであれば、それはコピーとは言えません。ただの文字です。

こういうと、「その考え方は違う！　私は、心に残るセンスの良い短い言葉の方が好きです！」と反論される方もいることでしょう。

たしかに、販売上、人の共感を得るということは、とても大切なことです。しかし、キャッチコピーは、決して共感を得るためのものではないのです。反論したくなる気持ちをグッと抑えて、まず私の話を聞いて下さい。

🗂 センスの良い自己満足のキャッチコピーは役に立たない

　より良く理解していただけるように、具体例を出しながらご説明します。たとえば、「愛だよ愛」は、あるウイスキーのキャッチコピーだったものです。これを例にして、考えてみましょう。

　あなたは、他製品と比較にならない程、おいしいウイスキーを売る営業マンです。

　あらかじめリサーチをして、ウイスキーが大好きだということがわかっているご家庭に訪問することになりました。「この美味しいウイスキーを、そのご家族に早く知って欲しい！」という気持ちで、家の前までやってきました。

　そして、身なりを整え、はやる気持ちを抑えながら、家のベルを押します。しばらくすると、インターホンの向こうから、男性の声で「何でしょうか？」という声が聞こえてきました。そこで、あなたはこう言います。

> 愛のウイスキーをご紹介しています。
> 15秒で良いのでお時間いただけないでしょうか

　さあ、この言葉で、お客様は「話を聞いてあげても良いかな」と思ってくれるでしょうか？　残念ながら、どれだけ粘っても、玄関のドアを開けてはくれないでしょう。

　共感するどころか、「気持ち悪いヤツが来たな」と思われるのがオチです。結果、あなたは100％追い返されてしまいます。せっかく美味しいウイスキーを紹介しに来たのに、玄関のドアさえ開けてくれず、話もできずに終わってしまいます。

1-2 キャッチコピーの機能と役割

■▶ セールスに必要なのは、お客様の目線に立った「効く」キャッチコピー

それでは、こう言い方を変えてみるとどうでしょうか？

> スコットランドでしか取れない特別な麦芽を、100年前から使われている貴重なオーク材製の樽でたっぷり熟成させた、日本では当社だけで扱っている風味豊かなウイスキーをご紹介しています。
> 15秒だけで良いので無料で試飲しませんか？

セールスの要素が満載の売り文句ですが、これならお客様も「何だかおいしそうだな。試飲させてくれるって言っているし、ちょっとぐらいなら、玄関のドアを開けて、話を聞いてあげても良いかな」と興味を持ちます。

結果、お客様は玄関のドアを開けてくれました。そして、試飲をしていただき、商品の良さを余すところなく伝えることができました。

さらに、「今なら販売記念キャンペーンを実施しており、年間の定期購入にお申し込みいただければ、通常の半額で、この美味しいウイスキーを楽しむことが出来ます！」と伝えると、非常に気に入ってくれたお客様は、何とその場で契約書にサインをしてくれたのです。

■▶ 効くキャッチコピー vs. 自己満足のキャッチコピー

いかがでしょうか？
最初の自己満足のキャッチコピーでは、ウイスキーを売りたいのに、

ウイスキーが好きな人の目線に立っていません。それでは、見込み客に興味を持ってもらうなんて不可能です。そして、興味を持ってもらえなかったら、商品の紹介はもちろん、契約書にサインをしていただくことなんてできるはずもありません。

　それでは、後者のお客様の目線に立ったキャッチコピーではどうだったでしょうか？　お客様は、興味を動かされ、最初から遥かに好意的な態度で、あなたの話を聞いてくれましたね。結果、あなたは無事に商品の説明をして、お客様から注文を得ることができました。

　さあ、気取った言葉はお金を生まないことがわかってきましたね。これが効くキャッチコピーと自己満足のキャッチコピーの違いです。

　それでは、「効くキャッチコピー」の効果を、より良く理解するために、今度は、お客様の立場になって考えてみましょう。そうすることによって、人が忙しい時間を割いてまで、セールストークを聞いてくれる理由が、はっきりとわかるようになります。

お客様の目線に立ってキャッチコピーを考える

　今、あなたは、経理の仕事をしているサラリーマンです。

　せっかくの金曜の夜、アフターファイブは、同僚と飲みに行く約束をしているのに、たまっている請求書の計算が終わらない！　猫の手も借りたいぐらいだ。そんな忙しいときに、セールスマンから営業電話がかかってきました。

「この忙しいときに！」と、少しイライラしながら、あなたは受話器を取ります。そこで、セールスマンが一言、こう言いました。

> 半分の時間で計算を終わらせる方法があります。

すると、経理の仕事の計算量にうんざりしていたあなたは、「え！そんなことができるの？　ちょっと話を聞かせてよ」と思いますよね。そして、忙しい仕事を止めて、そのセールスマンの話を真剣に聞こうとするはずです。
　しかし、逆に、こう言われるとどうでしょうか？

> できる経理マンの生涯のパートナーです！

　寛容な方なら、「新人熱血営業マンだな。熱意を買って話だけなら聞いてやるか」と思うかもしれません。しかし、大部分の方は、「はぁ？　今は、そんなことはどうでもいいんだ！　少しでも早く仕事を終わらせたいんだよ！」と言いたい気持ちを抑えながら、速やかに電話を切ることでしょう。

▶ 効くキャッチコピーがあって、初めてセールスのチャンスが生まれる

　この2つの話は、お金を生む「効くキャッチコピー」と、聞こえの良い「ただの自己満足の言葉」の違いを教えてくれています。とても大事なことなので、繰り返しお伝えします。
　効くキャッチコピーがあることによって、お客様は、あなたの話を聞いてくれます。そして、あなたは商品の紹介をすることができるのです。しかし、自己満足のキャッチコピーでは、お客様に商品を紹介するチャンスは決して生まれません。
　そう、セールスの現場では、お客様の欲求を刺激しない言葉は、たとえそれがどれだけセンスの良い素晴らしい言葉であっても、全く役に立ちません。そればかりか、ときにはお客様の機嫌を損ね、迷惑さえかけ

てしまいます。

コピーライティングも同じです。

自己満足の言葉をいくら並べ立てたところで、お客様の心は動かないのです。そして、お客様の心が動かなければ、ボディコピーへと読み進めてくれることはありません。当然、ボディコピーが読まれなければ、クロージングコピーも読んでくれません。

このように、キャッチコピー次第で、あなたの商品を紹介できるかどうかがハッキリと決まります。今すぐ自己満足の「言葉」から卒業して、常に顧客目線に立ち、あなたの商品を喜んで買っていただくための「効くキャッチコピーを作る力」を身につけましょう。

▶︎効くキャッチコピーに共通するたった2つのルールとは？

さて、以上の話からもわかるように、キャッチコピーは、人の欲求を刺激するものでなければ効果はありません。そして人の欲求を刺激するキャッチコピーを書くためには、人がお金を出してモノを買う理由を知っておかなければいけません。

そして、結局のところ、人がお金を払ってまでモノを買う理由は、以下の2つだけです。

---

① 快楽を得るため
② 苦痛を避けるため

これは、どのセールスの本を見ても書いてあるほど、セールスマンにとっては常識とされていることです。そして、人が、忙しい中で大切な時間を割いてまで、あなたのセールストークを聞いてくれる理由もここにあります。

その理由とは、「欲しくてたまらないと思っていた快楽を得られるかもしれない」「今、抱えている悩みや痛みを取り払ってくれるかもしれない」という欲求を刺激され、期待を感じるからです。

　逆に言うと、この2つの欲求のうち、どちらも刺激しない言葉は、お金を生み出すキャッチコピーにはなり得ません。

　つまり「欲求を刺激すること」が、効くキャッチコピー作りの鉄則なのです。

　繰り返します。

　人が忙しい中で、大切な時間を割いてまで、あなたの話を聞こうとする理由は、「ここに、欲しくてたまらなかった快楽を得られる方法があるかもしれない」、または、「今抱えてる痛みや悩みを解消できる方法があるかもしれない」という期待があるからです。

　そして、良いキャッチコピーは、見込み客の「快楽を得る」または「苦痛を避ける」という欲求を大いに刺激します。だからこそ、キャッチコピーには、セールスレターの中身（ボディコピー）を読み進めてもらう力があるのです。

　本書では、あなたが欲しくてたまらない売上を最大限にするための「効くキャッチコピー」の作り方を、手取り足取り、ステップバイステップで、みっちりとお教えします。ここで書かれていることを機械的にこなしていただくだけで、誰にでも簡単に「効くキャッチコピー」が書けるようになるはずです。

👆重要ポイント！

ボディコピーへと読み進めたくなるようなキャッチコピーとは、
「欲しくてたまらないと思っていた快楽を得られるかもしれない」
「今、抱えている悩みや痛みを取り払ってくれるかもしれない」
という欲求を刺激し、期待を感じさせるもの。

1-3 ボディコピーの機能と役割

> 相手が抱える問題の解決策を示し、
> 商品を「欲しい」と思ってもらうこと

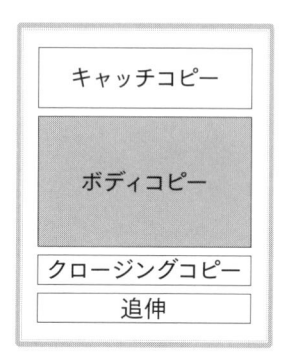

```
┌─────────────────┐
│  キャッチコピー   │
├─────────────────┤
│                 │
│   ボディコピー   │
│                 │
├─────────────────┤
│ クロージングコピー│
├─────────────────┤
│      追伸       │
└─────────────────┘
```

ボディコピーはコピーライティングの初心者にとって一番の難関と言えるでしょう。なぜなら初心者には、「何を伝えればお客様は、自分の商品を欲しいと思ってくれるのだろう?」ということがわからないからです。

もちろん、私も駆け出しのころは、何を書けばいいかが全然わからず、今思うと、まるで的外れなことを書いていました。

しかし、本書をお読みのあなたにそんな悩みは不要です。

なぜなら、ボディコピーで必要な要素は、実はたった4つだけだからです。そして、この「4つの要素」を守って書けば、あなたの商品を心から欲しいと思って貰えるボディコピーが簡単に完成します。

▶効くボディコピーとは?

「ボディコピーで書くべき4つの要素」は、実際のセールスの場面を思

い描くと、驚くほど簡単にわかります。では、具体的にお話していきましょう。

私は、以前、大手の電機店でカメラを販売する仕事をしていました。そこでは、A社のカメラを専門に担当していました。A社のカメラの最大の特徴は、性能は平凡ですが初心者にとっての使いやすさはナンバーワンで、入門に最適ということでした。

さて、店舗のカメラ販売フロアーには、連日、多くのお客様が訪れます。それぞれのお客様は、装いも行動もさまざまです。たとえばカメラを手に取って、何の気なしに眺めているだけの方、どのカメラが一番良いのだろうと積極的にカメラを手に取り、試し撮りをする方、安いものを買おうと特価品のコーナーだけを見ている方などなど。

実際の販売では、お客様の細かい動きや表情の変化を見て、自社の製品にあったお客様を見定めるのですが、コピーライティングにおいては、顧客選定のステップは、キャッチコピーが担っています。

そこでここでは、私が実際に担当した「自分が機械オンチだから、使い勝手の良いカメラを求めている30代前半の子連れの女性のお客様」を例にして、ご説明します。

私が、その女性のお客様に話した内容は、次のようなものでした。

販売員のセールストーク実例

お客様がカメラを手に取り、不慣れな手つきで操作しているところを目にした私は、こうやって話しかけました。

> こちらのカメラだと、誰でも簡単に、良い写真を撮ることができますよ。
> せかせか動き回っている子供や動物もブレずに撮れますし、撮るのが難しい夜景も、ワンタッチで確実です。ですので、旅行

のときや、お子様の学校行事はもちろん、どんな場面でも、大切な思い出をキレイに撮ることが出来ます。
（そのカメラを使って撮った写真のサンプル集を見せながら）
こちらの写真は、このカメラを使って撮った写真なんですよ。

あら、凄くキレイに撮れているわね。
私、本当に機械オンチで……それでも大丈夫なのかしら？

もちろん大丈夫です。たった3つのボタンだけで、
簡単に同じようなキレイな写真を撮っていただくことができます。
今から使い方をご説明しますね。
（お客様にカメラを手渡し、実践してもらう）

まず、写真を撮るときは、このボタンを押すと電源が入ります。
1秒で電源が付くので、急な瞬間でもすぐに撮ることができます。
これが1つ目のボタンです。
次に2つ目に押すボタンは、こちらの撮影モード選択ボタンです。ここを押すと、夜景モード、人物モード、風景モード、食べ物モードなど、全部で15種類の撮影モードがあって、状況ごとに最適な設定を、このボタンを押すだけで、自動的に呼び出してくれます。
そして、最後に押す3つ目のボタンは、こちらのシャッターです。
（ここまでを、1つ1つ実践してもらいながらゆっくり説明）

いかがですか？　覚えるのは、この3つのボタンだけなんですよ。

1-3 ボディコピーの機能と役割

> あら、本当に簡単ね。前のお店で奨められたものは、使い方が分からなくて。店員さんは一生懸命説明してくれてたのにね……。ところで、これはどこのカメラなの？

> 操作が難しいカメラって多いですよね。
> こちらは有名なＡ社製のカメラで、Ａ社は、
> 日本で初めてデジタルカメラを作った会社なんですよ。
>
> 一貫して、誰にでもキレイな写真が撮れる使いやすいものを作っています。そのため、日本のデジタルカメラ業界で、トップクラスのシェアを持っています。
>
> 大河ドラマに出ている、あの有名な俳優のＡさんが出ているCMをご覧になった事はありますか？

> あ〜、あの俳優さん、私大好きなのよ。
> じゃあ、きっと人気のカメラなのね。

> はい。当店でも、一番売れているカメラで、
> 今月は既に、87名の方にお買い求めいただいています。
> こちらは、私から買っていただいたお客様からのお手紙なのですが、とても満足していらっしゃっています。
> （実際にいただいた手紙を見せながら）

> あら、本当に良いモノなのね。でも、高いんじゃないの？

> はい。価格は、○○万円です。
> カメラ単体の価格は少し値が張ります。
> ただし当店では、大ヒットキャンペーンとして、こちらのカメラをお求めいただいた方に、期間限定でこの望遠レンズと、写真を500枚も保存できるメモリーカードを無料でプレゼントしています。
>
> ですので、結果的に、他のカメラよりもお得です。
> （備品を含めた価格比較表をみせながら）
> これらのプレゼントは、こちらのカメラだけに付いています。

> あら、そうなの？ じゃあ、これにしようかしら。

いかがでしょうか。
　コレは、私がカメラの販売をしていたときに、現場の超やり手の先輩社員から教えてもらったセールストークのテンプレートです。
　実際は、ここまで一方的に話すわけではないのですが、このテンプレートを使い始めてから、私は、毎月、安定して好成績を収められるようになりました。

売れるセールストークに隠された４つの要素とは？

　なぜ、私がこの話をしたのかと言うと、もちろん自慢が目的ではあり

ません。実は、このセールストークの中に、お客様の購買意欲を刺激するための、ボディコピーの４つの要素が含まれているのです。

結局のところ、お客様が商品の購入前に感じる疑問はたったの４つだけです。その４つの疑問に対して、４つの要素でセールストークを組み立てると、お客様は、その商品を「欲しい！」と思ってくれます。

逆に言うと、この４つの要素以外の話をすると、あなたは伝え過ぎていることになります。そして、伝える必要のない情報を伝えるということは、お客様の購入意欲を下げてしまいます。

それでは次に、お客様が商品に対して感じる４つの疑問、さらに、その４つの質問に対する効果的な回答法ををご紹介します。

お客様が抱える４つの疑問とは？

① これは私に何をしてくれるの？
　　　　　　　　　→ 商品によって得られる　結果

② なぜ、これが私の役に立つの？
　　　　　　　　　→ その結果が出る理由を　実証

③ ところで、あなたは誰？　→ 商品を　信頼　できる理由

④ これは私にも効果があるの？　→ 効果があるという　安心

４つの疑問に対して、上記の回答をするだけで、お客様は購入意欲を大いに刺激され、「この商品が欲しい！」と思ってくれます。

それでは、この４つを頭に入れて、もう一度、先ほどのセールストークの内容を振り返ってみましょう。

私のセールスは次のような形になっていましたね。

① 商品によって得られる「結果」を示す

「これはどういうカメラで私に何をしてくれるの?」というお客様の疑問に対して、私は、「誰でも簡単に良い写真を撮ることができる」という結果を示しました。特に重要な部分を太字にしますので、あらためて見直しましょう。

> こちらのカメラだと、**誰でも簡単に、良い写真を撮ることができますよ。**
> せかせか動き回っている子供や動物もブレずに撮れますし、撮るのが難しい夜景も、ワンタッチで確実です。
> ですので、旅行のときや、お子様の学校行事はもちろん、どんな場面でも、大切な思い出をキレイに撮ることができます。
>
> (そのカメラを使って撮った写真のサンプル集を見せながら)
> **こちらの写真は、このカメラを使って撮った写真なんですよ。**

ここで重要なのは、「このカメラがどういうものなのか?」ということを、お客様の目線に立って伝えることです。そして、実際に、そのカメラを使って撮った写真を見せることで、お客様はその効果を実感します。

② その結果が出る理由を実証する

次に、お客様は「なぜ、このカメラを使うと、私でもキレイな写真を撮れるって言えるの?」という疑問を持ちます。そこで、私は、このカメラを使うと、誰でもキレイな写真を撮ることができる理由をお伝えしました。

> もちろん大丈夫です。たった3つのボタンだけで、
> **簡単に同じようなキレイな写真を撮っていただくことができます。**
> 今から使い方をご説明しますね。
> (お客様にカメラを手渡し、実践してもらう)
>
> まず写真を撮るときは、このボタンを押すと電源が入ります。
> 1秒で電源が付くので、急な瞬間でもすぐに撮ることができます。
> **これが1つ目のボタン**です。
> 次に**2つ目に押すボタン**は、こちらの撮影モード選択ボタンです。
> ここを押すと、夜景モード、人物モード、風景モード、
> 食べ物モードなど、全部で15種類の撮影モードがあって、
> 状況ごとに最適な設定を、このボタンを押すだけで、
> 自動的に呼び出してくれます。
> そして、最後に押す**3つ目のボタン**は、こちらのシャッターです。
> (ここまでを、1つ1つ実践してもらいながらゆっくり説明)
>
> いかがですか?
> 覚えるのは、この3つのボタンだけなんですよ。

　ここでは、誰でも簡単にキレイな写真を撮ることができる理由を、「3つのボタンを押すだけ」という説明で実証しました。お客様に実際に実践していただきながらお話しているので、説得力は抜群ですね。

③ この商品を「信頼」しても良い理由を示す

　結果を見せて、実証をしただけでは、まだお客様の購入意欲を十分に刺激することはできません。なぜなら、「どんな人やどんな会社の製品なのか? そして、それは信頼できるのか?」という疑問があるからです。

そこで、私は、信頼していただけるべき理由をいくつかお話しました。

> 操作が難しいカメラって多いですよね。
> こちらは有名なA社製のカメラで、A社は、
> **日本で初めてデジタルカメラを作った会社**なんですよ。
>
> 一貫して、誰にでもキレイな写真が撮れる使いやすいものを作っています。そのため、日本のデジタルカメラ業界で、**トップクラスのシェア**を持っています。
>
> 大河ドラマに出ている、あの**有名な俳優のAさんが出ているCM**をご覧になった事はありますか?

ここで私がお伝えしたことは、3つです。

・A社が日本で初めてデジタルカメラを作ったこと。
・トップクラスのシェアを持っていること。
・有名な俳優を起用したCMを出していること。

これだけで、随分と商品の質に信頼性が出るのです。

④「安心」してお求めいただける理由を伝える

お客様が最後に知りたいのは、このカメラを安心して使っても良い理由です。お客様は、決して商品を買いたくないのではありません。値段に見合わない出費をすることが苦痛なのです。そこで、多くのお客様が買っていて、満足していただいていることを伝えることが効果的です。

> はい。当店でも、一番売れているカメラで、
> **今月は既に、87名の方にお買い求めいただいています。**
> こちらは、私から買っていただいた**お客様からのお手紙**なのですが、とても満足してくださっています。
> （実際にいただいた手紙を見せながら）

　こう伝えることによって、「自分と同じような人は、みんな、このカメラを買っている。そして、このカメラに満足している」という事実をお客様の目線で伝えることができます。

　いかがでしょうか？　ここまでの4つの話を聞いただけで、お客様はこのカメラを使うと、自分でも簡単にキレイな写真を撮ることができると確信し、商品を欲しいという気持ちになっていました。

ボディコピーに必要なのは「結果」「実証」「信頼」「安心」

　実は、この「結果」「実証」「信頼」「安心」の4つの要素は、株式会社ディーズの代表、阪尾圭司氏が『お客のすごい集め方』（ダイヤモンド社）という書籍の中で書かれていることです。

　私は、この書籍を読んで、私がセールスマン時代に、無意識に使っていたセールストークのテンプレートの中に、この、「結果」「実証」「信頼」「安心」のボディコピーの4つの要素があったことに気づきビックリしてしまいました。

　そして、この4つの要素を、セールスレターに当てはめ出してから、それまでと比べて、成約率が一気に改善したのです！　そこで、本書でもこの「結果」「実証」「信頼」「安心」という呼び方を、そのまま使わ

せていただいています注。

　本書では、この「結果」「実証」「信頼」「安心」のボディコピーの4つの要素に基づいた、売れるボディコピーを書くための材料集めの方法から、実際に書き始める方法まで、みっちりとお教えします。

> **重要ポイント！**
> 「結果」を見せるとお客様は、商品を欲しくなる。
> 「実証」を見せるとお客様は、自分にもできると思う。
> 「信頼」を見せるとお客様は、背中を押され、購入に前向きになる。
> 「安心」を見せるとお客様の持つ、すべての不安を取り除くことができる。

（注）『お客のすごい集め方 4つのパーツでその気にさせるレスアドのノウハウ』は、一読の価値あります！　ISBN978-4-4785-5019-9（版元在庫なし）

1-4 クロージングコピーの機能と役割

商品を欲しいと思った人に、確実に商品を買ってもらうこと

```
┌─────────────────┐
│   キャッチコピー    │
├─────────────────┤
│                 │
│   ボディコピー     │
│                 │
├─────────────────┤
│  クロージングコピー  │
├─────────────────┤
│      追伸       │
└─────────────────┘
```

クロージングコピーは、ボディコピーを読んで、商品を「欲しい」と思っている人に決断（お金を払って商品を買うこと）を促す役割があります。

このクロージングコピーがなければ、人はどれだけ強く「欲しい！」と思っていても、「もう少し考えよう」と、購入の決断を先延ばしにします。そして、3分後には、商品のことを完全に忘れてしまい、二度と戻って来てくれません。

結果を出すためには、そんな状況は全力で防がなければいけません。そのためにあるのがクロージングコピーです。

人は決断を先延ばしにする生き物（先延ばし症候群）

夏休みの宿題を最後の一日まで置いておいたり、試験勉強に前日まで手をつけなかったり…。私たちは、たとえ、早く決断した方が得だということが明確な場合でも、物事を先延ばしにしようとします。

そう、人間はみな、先延ばし症候群にかかっているのです。

MITの行動経済学者のダン・アリエリーが、この先延ばし症候群に関して面白い実験をしました。大学の生徒にレポートの課題を出しました。そして、3つのクラスに別々の締め切りを設けたのです。

> クラスA：レポートの提出は最終日に間に合わせてくれれば良いと言いました。
> クラスB：レポートの締め切りをいつにするかを学生に宣言してもらいました。
> クラスC：レポートの締め切りを宣言し、遅れると減点になると伝えました。

結果はもちろん、クラスCの成績が一番良く、クラスAでは、レポートの提出期限に間に合わず、単位を貰えない生徒が続出しました。

また、レポート提出の締め切りを生徒が自発的に宣言したクラスBよりも、教授があらかじめ締め切りを設定し、遅れたら減点する旨を伝えていたクラスCの方が成績が良かったことも興味深い点です。

この実験から得られる結論はこうです。人は、明らかに早く決断した方が良いということが明確な場合でも決断を先送りにする。そして、人に決断をしてもらう効果的な方法は、そうするべき動機づけを与え背中を押してあげることだということです。

そしてセールスの世界では、特にこの、「背中を押す」という行為、つまりクロージングが重要なのです。

クロージングを怠ると何も売れない

　実は、一時期の私は、「見込み客にクロージングを迫るなんてカッコ悪い。そんなものは本当に良い商品には必要ない」と思っていました。そして、クロージングの要素を一切排除した、商品の魅力だけを生き生きと伝えるセールスレターや広告を作りました。

　結果は全く売れず…。あっという間に窮地に陥った私は、「どれだけ良い商品でも、誰も買ってくれなければ意味が無いじゃないか！」と思い直し、クロージングをしっかりと書くようにしました。すると、それだけで成約率が5倍になりました。

　同じように新人営業マンが、いつも商談が良いところまで行くのに、なぜか最後の最後で契約書にサインをしてもらえないという理由も、クロージングが弱いからです。

　これでもう、あなたもクロージングを軽視することはできませんよね。あなたが、当時の私と同じ苦しみを味わわないでもすむように、第2章のクロージングコピーリサーチの項では、お客様に確実に購入していただくための方法を、いくつもご紹介します。

クロージングで何を伝えるべきか？

　お客様は、キャッチコピーを見てあなたの商品に興味を持ち、ボディコピーを読んで、「これこそが、私の痛みや問題を解決する、心から待ち望んでいた解決策だ！」という状態になっています。そして、未来への期待から、少し興奮した状態でクロージングコピーへと進みます。

　クロージングコピーを読んだ方に、実際にお金を出して商品を買っていただくためには、どのようにすれば良いでしょうか？　その答えは、たった一点、「魅力的なオファーをする」ことです。

　それでは、魅力的なオファーとはどのようなものなのでしょうか？

その話をする前に、あるピザ屋のことをご紹介させて下さい。もちろん、ただのピザ屋ではありません。他者にはマネできない、圧倒的に魅力的なオファーをしたおかげで、爆発的に成長したピザ屋です。

セールス／広告業界に携わる方なら、必ず、このピザ屋のことを知っています。

注文せずにはいられないオファーとは？

その圧倒的に魅力的なオファーとは次のようなものでした。

> 30分以内に熱々のピザをお届けします。
> もし時間を過ぎれば、代金は無料です。

このピザ屋は、この圧倒的なオファーのおかげで、瞬く間に口コミで伝わりました。今では、アメリカでピザ屋と言えば、必ず最初に名前があがります。そのピザ屋とは…、そう、ドミノピザです。

時代背景もお伝えしておくと、ドミノピザがこの魅力的なオファーを発信した当時の宅配ピザは、注文してから配達までに何時間もかかっていました。もちろんピザが届いたときには、もう冷めてしまっているという状態です。だからこそ、ドミノピザのこのオファーは業界に衝撃を与えたのです。

これが、魅力的なオファーの爆発力です。「そんな簡単に魅力的なオファーを作れたら苦労しないよ！」と思った方もいるでしょう。しかし、魅力的なオファーを作るのは、とても簡単です。

なぜなら魅力的なオファーとは、次にご紹介するたった4つの要素を組み合わせるだけで完成するからです。

魅力的なオファーを構成する４つの要素

　魅力的なオファーを科学的に分析すると、それらは、以下の４つの要素をすべて兼ね備えていることがわかります。

> ① 簡便性（早い・簡単）
> ② 希少性（個数・期限 etc.）
> ③ 特典（プレミアム性）
> ④ 保証

　この４つの要素に関して、詳しくは第２章でお話しますので、ここでは簡単な説明だけをしておきましょう。

① 簡便性

　すぐに簡単に満足を得られるということです。たとえば、このような心理実験があります。今すぐに貰える１万円と、１ヵ月後に貰える１万５千円を選んでもらうという実験です。結果は、１ヵ月待てば、確実に５千円多く得られるにも関わらず、８割以上の方が今すぐに貰える１万円を選択するのです。

　このように「すぐに得られる満足感」を用意することは、セールスにおいて必須です。第２章では、あなたのオファーに、この簡便性を付け加える方法をお話します。

② 希少性

　次に希少性です。人は、限られているもの、残り少ないものに対してより強い価値を感じます。中世ヨーロッパでは、コショウは金と同価格

で取引されていました。当時はコショウの供給が限られていたからです。しかし、コショウがいくらでも取れるようになったら、コショウの価格は急落しました。

　このように希少性があるかないかだけで、人の購買行動は大きく変化します。そして、あなたのオファーに、この希少性を取り入れると、成約率は劇的に変わります。

③ 特典（プレミアム性）

　3つ目は、プレミアム（特典）です。プレミアム戦略という言葉が一時期、とても流行しました。プレミアム戦略とは、簡単に言えば、商品に付加価値を付けて、商品の価値を上げ、価格を落とさずに販売するという戦略です。

　たとえば、ネット回線のイーモバイルは、申し込みされた方にパソコンを0円で提供していました。結果、競合他者と圧倒的な差をつけ、急成長したのです。これがプレミアムの効果です。

④ 保証

　どれだけ良いオファーを目の前にしても、「本当にこの商品を買って満足できるのだろうか？」という不安が消えることはありません。そこで、お客様が持つ、粗悪品を掴むかもしれないというリスクを肩代わりすることによって、購入を迷っているお客様の背中を押すことができます。

　以上、簡単に説明しましたが、これらの要素を組み込んだ魅力的なオファーの作り方を、第2章で徹底的にご説明します。この通りに実践すれば、どんな商品やサービスでも、注文せずにはいられなくなるほど魅力的なものに仕上げることができます。

1-4 クロージングコピーの機能と役割

> 重要ポイント！
>
> 人はみな先延ばし症候群にかかっている。
> 先延ばしをする気すら起きないほど魅力的なオファーを作るための4つの要素は、「簡便性」「希少性」「特典」「保証」。

1-5 追伸コピーの機能と役割

> 斜め読みをする人にも、
> オファーの内容を理解してもらうこと

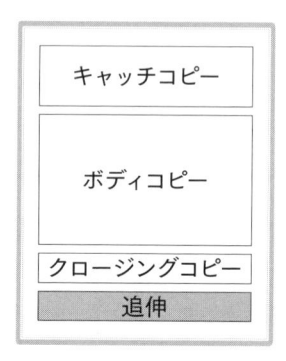

```
┌─────────────────────┐
│  ┌───────────────┐  │
│  │  キャッチコピー  │  │
│  └───────────────┘  │
│  ┌───────────────┐  │
│  │   ボディコピー  │  │
│  └───────────────┘  │
│  ┌───────────────┐  │
│  │ クロージングコピー │  │
│  ├───────────────┤  │
│  │      追伸      │  │
│  └───────────────┘  │
└─────────────────────┘
```

　追伸は、セールスレターならではの要素です。そのため、上の3つとは少し毛色が違います。その役割とは、斜め読みをする人にも、要点を把握してもらうことにあります。すなわち、こういうことです。

　セールスレターを読む人の半分は、キャッチコピーを見た瞬間に、ボディコピーとクロージングコピーを飛ばして、セールスレターの最後の部分を先に読もうとします。もしそのときに、セールスレターの最後が、クロージングの文章だとしたらどう思うでしょうか？　人はみな、売り込まれることを嫌います。そして、クロージングはその役割上、セールス色が強く出る部分です。

　つまり、追伸がなければ、人は「何だ結局売り込みじゃないか」と思い、あなたの商品の良さや、そこから得られるベネフィットも一切知らないままに、セールスレターを読むことを止めてしまうのです。

　そのため、追伸ではボディコピーとクロージングコピーの内容を要約して伝え、斜め読みをする人にも、商品の良さをわかってもらうことが

重要です。追伸に関しては、第3章で詳しくお話します。

> 👆**重要ポイント!**
>
> 追伸がなければ、セールスレターの読み手は、「何だよ! 結局セールスか」と嫌悪感を感じるだけで、終わってしまう。

1-6 コピーライティングは4つのパーツがあって初めて機能する

```
┌─────────────────────┐
│   キャッチコピー    │
├─────────────────────┤
│                     │
│    ボディコピー     │
│                     │
├─────────────────────┤
│  クロージングコピー │
├─────────────────────┤
│        追伸         │
└─────────────────────┘
```

コピーライティングは、上記の4つのパーツが合わさって初めてセールスレターとして機能します。逆に言えば、このうちどれか1つでも欠けてしまうと、そのセールスレターから売上はあがりません。

　ですから、コピーライティングの基本として、この4つのパーツは、どんなときでも忘れないようにしておいて下さい。ウソのように思われるかもしれませんが、プロのコピーライターでさえ、ときに、オリジナリティを出そうとして、この基本を忘れてしまいます。
　すると、99％、そのセールスレターからモノは売れません。
　さて、ここまで読んで、「何だか難しそうだな」と思った方もいらっしゃると思います。しかし、本当は、コピーライティングとは、とても単純なものなのです。
　なぜなら、「これを書けば売れる」というルールが最初からわかっているからです。あなたがやることは、そのルールにしたがって、セールスレターを書くために必要な材料を集め、その材料を組み合わせることだけです。

まずはリサーチをして材料を集めよう

　コピーライティングと言うと、心理操作のテクニックだとか、相手からの承諾を引き出すための技法と勘違いされる方もいます。そのため、コピーライティングは、才能やセンスが必要という勘違いが生まれます。

　しかし、それは大きな誤解です。実際は、しかるべき材料を集めて、伝えるべき情報を伝えることによって、モノが売れていきます。そして、そこには、センスや才能と言った曖昧で非科学的な能力は一切必要ありません。

　なぜなら、リサーチというのは、あらかじめ決められたものを調べるという単純作業だからです。そして、単純作業であれば、センスも才能も必要ありません。センスも才能もいらないのであれば、誰でも正しく実践することができます。

　つまり、結局、誰でも売れるセールスレターを作ることができるということです。おそらく、あなたは今まで、コピーライティングってもっと華やかな仕事だと思っていたことでしょう。しかし、フタを空けてみると、非常に地味で単純な作業です。

　しかし、地味で単純な作業だからこそ、誰にだってできてしまうのです。大切なことは、ひとつひとつの要素を、いかに妥協することなく集め、そして、いかに注意深く組み立てられるかどうかです。

10の材料の組み合わせで売れるセールスレターが完成する

　あなたがコピーを書くまえに、集めるべき材料は全部で10個あります。具体的には、次の材料です。

■ キャッチコピー
　①キャッチコピーのひな形

■ ボディコピー
　②「結果」パートの材料
　③「実証」パートの材料
　④「信頼」パートの材料
　⑤「安心」パートの材料

■ クロージングコピー
　⑥簡便性の材料
　⑦希少性の材料
　⑧特典
　⑨保証

■ 追伸
　⑩追伸の材料

　そして、この10個の材料を集めたら、それらを組み合わせるだけで、自然と売れるセールスレターが完成します。
　材料集めの方法にもルールがある通り、材料の組み立て方にもルールがあります。次の第2章で、効果的な材料集め（リサーチ）の方法をお教えします。そして第3章で、集めた材料を効果的に組み立てる（執筆）方法をお教えします。
　本書ではコピーライティングが初めてという人でも、確実に売れるセールスレターを書き上げるための方法を、一から百まで、手取り足取りレクチャーします。内容に一切妥協はありません。
　もう一度繰り返します。
　本書でお伝えする方法を実践することで、あなたがコピーライティングの素人であったとしても、間違いなく結果が出ます。
　もちろん、今までセールスレターを書いたことがあっても、なぜか売れないという経験をされた方が使っても結果が出ます。さらに、既にコ

ピーライターとして活躍されていて、もっと売れるセールスレターを書きたいという方が読んでも、必ず大きな気づきを得ることができます。

売れるセールスレターを書くことができるようになると、売上（お金）というわかりやすい結果になって返って来ます。

そして、売上が増えれば、当然ながら、あなたのビジネスはますます成長します。ビジネスが成長して、お金が潤沢になると、新しいビジネスを始めたり、優秀な人材を雇ったり、今までできなかったさまざまなチャンスを手に入れることができます。

結局のところ、本書は単なるコピーライティングの書ではありません。あなたのビジネスに、あらゆる好循環を生み出すための書です。インターネット上でモノを売るためのエッセンスを凝縮し、誰にでも実践できるような形にまで、徹底的に落とし込んだものです。

これから、そのエッセンスのすべてを、余すところなくあなたにお伝えします。

次章からは、あなたにも実践していただくためのワークシートがついています。紙とペンを取り出し、今、売りたい商品を思い浮かべながら実践してみて下さい。

重要ポイント！

コピーライティングは、書く作業よりも材料を集める作業がメイン。そして、材料集めにはルールがあり、そのルール通りに進めれば、才能やセンスなど関係なく、誰でも売れるセールスレターを書くことができる。

第2章

コピーライティング リサーチ編

2-1 キャッチコピーリサーチ

それでは、早速、誰にでもできる「効くキャッチコピー」の実践的な作成法をご紹介します。「効くキャッチコピー」の作成は、以下の3つのステップから成り立っています。

> ① ターゲットの選定（デモグラフィック）
> ② ターゲットの選定（サイコグラフィック）
> ③ ベネフィットの選定

また、ここでは、効くキャッチコピーの材料を集めるための5つのワークシートを用意してあります。このワークシートを埋めていくと、自然と作業を進めることができます。

それでは早速、始めましょう。

▶ どんぴしゃりの見込み客が見つかるターゲット選定法

当たり前のことですが、キャッチコピーの出来がどれほど良かったとしても、それを発信する相手を間違えてしまうと、一切効果は期待できません。

たとえば、「英会話をマスターしてGoogleに就職する」という目標を持っている人に、ポルトガル語の教材を紹介しても、反応がないことは簡単に想像できますよね。「そんなバカなことする人いないでしょ」と思うかもしれませんが、実際、この間違いをしている人は本当に多いのです。

ビジネス英語の教材があったとします。働き盛りのサラリーマンを

ターゲットにするなら、響く言葉は「出世！」や「キャリアアップ！」ではないでしょうか。一方、同じ商品でも、大学生をターゲットにするなら、「就職に有利！」かもしれません。

あなたの商品の売上を最大化させるには、このように、適切なターゲットに適切なメッセージを発信することが重要です。逆に、不適切なターゲットに的外れのメッセージを投げかけても、期待外れの結果に終わってしまうことは簡単に想像できますよね。

だからこそ、キャッチコピーの作成は、適切なターゲットの選定が重要です。ターゲットを極限にまで絞るからこそ、見る人の欲求を大いに刺激して、先を読まずにはいられないほど完成度の高いキャッチコピーが完成するのです。

それでは、早速、ターゲットの選定を始めましょう。

STEP 1　見込み客のデモグラフィック変数の収集

デモグラフィックスとは、人口統計データのことです。ちょっと難しそうに聞こえてしまいますが、複雑なマーケティング学や統計学は必要はありません。あなたがやることは、以下の6つ（+1つ）を自分で定義するだけです。

---

① 年齢　② 性別　③ 世帯規模　④ 所得　⑤ 職業
⑥ 学歴　⑦ 住所※

※住所は、不動産などの地域性のある商品の場合のみ必要

既に、商品の販売データがある場合は、そのデータを分析して、最も購買率が高い層のデモグラフィック変数を抽出しましょう。実際の販売データから得られる情報は、99％信頼できるデータです。

一方、これから商品を発売するという場合は、まだデータがありませんよね。したがって、まず、3つ程度の仮説を立てるところから始めましょう。例として、英会話教材のキャッチコピーを作る場合を仮定して実際にやってみます。

ケーススタディ 英会話を学びたい人のデモグラフィック変数を仮定

	仮定1 就活を控えた大学生	仮定2 若いビジネスマン	仮定3 中小企業経営者
年齢	19歳〜21歳	30代	40代
性別	男性	男性	男性
世帯規模	1人暮らし	3人	3人
所得	月収5万円	500万円	2000万円
職業	大学生	大手企業の会社員	会社経営者
学歴	MARCH以上	難関国立大・私立大	高卒
住所	除外	除外	除外

さて、ここまでデモグラフィック変数を定義したら、次に、どのターゲットに向けてメッセージを発信すると、売上が最大となるかを判定します。その際は、ターゲット層の人口数や経済力と、商品の内容や価格とを比較することで判断しましょう。

たとえば、今回セールスコピーを書く英会話教材が、月額2万円の定額サービスだったとしたら、平均月収5万円の大学生に販売するのは価格的に難しそうです。

しかし、平均月収が10万円20万円の学生をターゲットにするにしても、母数が明らかに少ないので現実味がありません。それなら、もっと母数が大きく、生活に余裕のある人をターゲットにした方が、成果が出やすいことはすぐにわかります。

それでは、ビジネスマンと中小企業経営者の例を考えてみましょう。どちらも月2万円程度の余裕はありそうです。それでは、それぞれの人口はどうでしょうか？ 30代のビジネスマンの方が、40代の中小企業経営者よりも、遥かに人口が多そうです。それなら、今回は、30代のビジネスマンをターゲットとするのが一番良さそうです。

このように、デモグラフィック変数を使うことで、商品を一番買ってくれそうな層を、かなり絞ることができます。今回は、英会話教材を例としてお話しましたので、この辺りまで絞れば十分ですが、扱う商品がもっとニッチなものであれば、ここからさらに仮説を立てて、さらに厳密にターゲットを絞っていくことが必要です。

たとえば、同じビジネスマンでも、

> ・「30代と40代では、どちらの方が購買意欲が高いか？」
> ・「大企業勤めと中小企業勤めでは、どちらの方が英語を必要としているのか？」
> ・「学歴が低い人の方が、英語の必要性を痛感しているのではないか？」

など、この人たちなら、絶対にこの商品を必要としているはずだ！と確信できるところまで深めていきましょう。コピーライティングのプロは、ここまでのステップを、頭の中でサッと、しかしロジカルに考えて、商品にどんぴしゃりのターゲットを決定しています。

マーケティングはさらに奥が深いですが、コピーライターとしては、

第2章 ● コピーライティングリサーチ編

ここまでできれば十分です。
　それでは、早速、次のワークシートで、あなたの商品にどんぴしゃりのターゲットのデモグラフィック変数を定義しましょう。

ワークシート①
デモグラフィック変数の収集シート

あなたの商品にピッタリの理想的なお客様の姿を思い浮かべながら、以下の6つ（+1つ）の変数を定義しよう。販売データがある場合は、そのデータを書き込み、データがない場合は、3つの仮説を立てて検証しよう。

① ターゲットを仮定
仮定1　　　　　仮定2　　　　　仮定3

② ターゲットの検証
3つの仮定ターゲットのうち、どの層に向けてメッセージを発信すると、売上が最大となるかを決定しよう。

③ ターゲットの決定
検証の結果、もっとも理想的なターゲットのデモグラフィック変数を書き記しておこう。

STEP 2　見込み客のサイコグラフィック変数の収集

　デモグラフィック変数を定義したら、次に、サイコグラフィック変数を調べます。サイコグラフィック変数とは、心理学的変数のことで、具体的には、価値観、ライフスタイル、性格、好みなどの個人の嗜好を指します。

　少し前の題材になりますが、2011年に注目のベンチャー100に選ばれたあるアメリカの企業は、すべての商品に対して、こと細かにアンケートを取って、このサイコグラフィック変数を集めています。そして、そのデータをもとに次々と新しいサービスを生み出しヒットさせています。

　ですので、既に商品を販売している方は、必ずサイコグラフィック変数を知るためのアンケートを取ることをオススメします。そうすることで、「実際にお金を払って商品を購入してくれるお客様」の実像を、かなりハッキリとイメージできるようになるからです。

　少し話しが逸れてしまいましたね。それでは、コピーライターが最低限、押さえておくべきサイコグラフィック変数をお教えします。それが下記の2つです。

---

① 価値観
② ライフスタイル

　それでは、一つずつお話します。

① 価値観

　人の基本的な価値観には次の5つがあります。

> ・仕事　・お金　・家族　・人間関係　・健康

　すべての人間は、この5つの価値観を備えています。
　しかし、どの価値観を最重要と考えているのかは、人によって違います。たとえば、働き盛りの一般的なサラリーマンなら、価値観の重要度は、次のような順番になるでしょう。

1．仕事　2．人間関係　3．お金　4．家族　5．健康

　一方、子どもがいる専業主婦の場合は、次のような価値観を持っていることでしょう。

1．家族　2．健康　3．人間関係　4．お金　5．仕事

　なぜ、こうした価値観を知ることが大事なのでしょうか？　その理由はこうです。
　たとえば、健康に対する価値観が低い人に、他人が、いくら健康の大切さを説いても、効き目はありません。同様に、仕事をしていない専業主婦の方に、仕事の能率をアップする方法を紹介しても、全く意味がありません。
　さすがに、ここまで極端な例は、実際の場では滅多にありませんが、それでもキャッチコピーを書くときは、最重要ターゲットとしている見込み客が一番大切にしている価値観を知り、その価値観に対して訴求することが重要なのです。
　そのためには、ターゲットとなる見込み客の価値観と、あなたの商品を使うことによって得られるベネフィット（ベネフィットに関しては後述）を擦り合せることが必要です。

② ライフスタイル

　次に、ターゲットとなる見込み客が求めているライフスタイルを知りましょう。ライフスタイルと価値観は、とても似ているものです。しかし、価値観だけでなく、ライフスタイルを知ることで、より鮮明にターゲット顧客の姿をイメージできるようになります。

　たとえば、少し前から草食系男子という言葉が流行っていますよね。今時の若者は、出世やお金よりも、平穏に生きることを好みます。

　それなのに、たとえば、「この英語教材を買って、英語を使ってバリバリ働く自分になって、どんどん出世し、お金も地位も手に入れよう！」と言っても、少しも心に響かないのです。

　それよりも、「ビジネス英語ができるようになったら、日本企業よりも社員のプライベートを大事にする外資系企業に就職できるよ」と言う方が、彼らの琴線に触れるのです。ライフスタイルを知るためには、以下の２つの軸から考えます。

アーバンライフ　⇔　カントリーライフ

　すなわち、「都心での生活を好むのか、自然豊かな場所での生活を好むのか？」です。

　アーバンライフ型の人は、もちろん都会の派手なイメージを好みます。ですので、キャッチコピーを、豪華なイメージで表現すると反応が高くなります。たとえば、ビジネス英語の教材を売る場合、英語を身につけると、ニューヨークやラスベガスなどの海外の一流の都市で、バリバリと活躍している自分を想像できるような表現が好まれます。

　一方、カントリーライフ型の人は、田舎の、のんびりとした雰囲気を好みます。したがって、同じビジネス英語の教材でも、英語を身につけると、たとえば、サンフランシスコなど、自然が豊かで気候も良い場所

で、気さくなアメリカ人と楽しく話している自分を想像できるような表現が好まれます。

> キャリアライフ　⇔　リラックスライフ

　もうひとつの軸は、「仕事人間か、仕事以外の趣味を大事にする人間か？」です。
　キャリアライフ型の人に向けたキャッチコピーは、どんな商品でも、自尊心レベルを高めることと結びつけるのが効果的です。たとえば、英語を話せるようになると周りの人から尊敬の目で見られるとか、出世して給料が上がるなど、「地位や評判」に基づいた表現がピッタリとはまります。
　一方、リラックスライフ型の人間は、自尊心を高めるよりも、「人生が楽しくなること」に重きを置きます。したがって、たとえば英語を話せるようになると、外国人の友人が増えるなどのような「充実やレジャー」に基づいた表現が適切です。

　いかがでしょうか？
　このように、ターゲットのライフスタイルを知ることで、「どういう言葉が響くのか？」という判断の精度が飛躍的に高まります。すると、ターゲット顧客に、商品をどのように見せるのが効果的なのかを知ることができます。
　ここまで読んでいただいたあなたなら、同じ商品でも、想定するターゲットによって、商品の見せ方を変えるだけで、遥かに高い反応を得られるということが、当たり前のようにわかりますよね。

サイコグラフィック変数を知るための3つの方法

さて、それでは、これらのサイコグラフィック変数をどうやって集めたら良いのでしょうか？ 今から、そのための3つの方法を紹介します。

① 友人／知人に聞く

ターゲット層にどんぴしゃりの知り合いがいるなら、直接聞くのが一番手っ取り早い方法です。コピーライターは家に閉じこもっていては、良いコピーは書けないと言われる所以ですね。最低でも10人以上には聞きたいところです。

② 雑誌で調べる

ターゲット層が良く読んでいそうな雑誌を調べるのも良い方法です。ビジネス英会話教材の例で言えば、30代のエリートサラリーマンが読みそうな雑誌には『東洋経済』『AERA』『ニューズウィーク』などがあります。本屋で一通り買ってきて、家に帰ってじっくりと読んでみましょう。

③ ソーシャルメディアで調べる

最後に、聞ける知人も見つからず、最適な雑誌もないのであれば、インターネットで調べます。「Yahoo! 知恵袋」などの質問掲示板やFacebookでターゲット層の人のウォールを眺めているだけで、彼らがどのような生活をしていて、どのような考え方・嗜好を持つのかが、かなりリアルにわかります。コピーライターにとってのソーシャルメディアは、最高のリサーチツールなのです。

第２章 ● コピーライティングリサーチ編

　サイコグラフィック変数の調査シートを次に用意しますので、早速実践してみましょう。

ワークシート②
サイコグラフィック変数の収集シート

あなたの商品にピッタリのお客様は、どのような心理状態でしょうか？
価値観とライフサイクルの２つの観点から判断しましょう。

① ターゲットの価値観を知る
仕事／お金／家族／人間関係／健康の５つの価値観に関して、ターゲット顧客はどのような優先順位を付けていますか？

② ターゲットのライフスタイルを知る
ターゲット顧客は、どのようなライフスタイルを持っているでしょうか？
また、どのような言葉や表現を好むでしょうか？

2-1 キャッチコピーリサーチ

　ここまでリサーチすれば、あなたはターゲットとなるお客様の姿を、かなりリアルにイメージできるようになっています。

> ・毎朝何時に起きるのか？
> ・起きたときは、どういう気分なのか？（やる気満々か？　げんなりしているか？）
> ・どのような移動手段を使っているのか？（車？　電車？　自転車？）
> ・趣味は何か？（毎朝ランニングしているなど）
> ・日中は何をしていて、そのときどのような気分になっているか？
> ・何に一番プレッシャーを感じているのか？
> ・何をしているときに一番幸せを感じるのか？
> ・夜、家に帰って、ホッとしたときに出る一言は何か？
> ・次の日に向けて、どのような気持ちで就寝しているか？

　など、こと細かに想像できるはずです。慣れてくると、その人物の顔だけでなく、家族や子ども、上司や同僚の顔まで浮かぶようになり、感情の変化まで見えてくるようになります。

　アメリカのある有名なコピーライターは、頭の中に浮かんで来た人物像に近い人間の写真を、いつでも見られる場所に貼付けて、コピーを書いているようです。

　やり過ぎだと思われるかもしれませんが、ここまでやると、必ず、良いコピーが頭から泉のように湧き始めます。また、このターゲット選定のスキルは、キャッチコピーに限らず、ボディコピー、クロージングコピーを書いているときも、重要です。

　さて、次に行うのは、ベネフィットの選定というステップです。ベネフィットの選定は、ターゲット客の姿を強くイメージしながら行います。

では、早速、見ていきましょう。

STEP 3　ターゲットに響く訴求ポイント（ベネフィット）の選定

　キャッチコピーの役割は、「一瞬でターゲットの興味を惹き付け、次へと読み進めてもらうこと」です。

　そして、人が忙しい中で時間を割いてまで、セールスレターを読みたいと思うのは、「これを読めば、欲しくてたまらなかった快楽を得られる方法があるかもしれない」「今抱えてる痛みや悩みを解消できる方法があるかもしれない」という期待感があるからです。

　つまり、キャッチコピーは、見込み客が一目見ただけで、期待感を持ち、ワクワクして、次の文章を読まずにはいられないというような言葉を用意すれば良いのです。そこで、あなたに押さえておいていただきたいのは、「何を言えば、見込み客の欲求（快楽or苦痛）を刺激することができるか？」ということです。

　そして、その答えこそが、『ベネフィット』なのです。

ベネフィットとは？

　ベネフィットとは、英語では「ためになること・利益」という意味です。こう言うと多くの方が、「商品の特徴のことですか？」とお聞きになられます。しかし、ベネフィットと商品の特徴は、本質的にまったく違うものです。

　架空の英語教材を例にお話しましょう。

　たとえば、それがCD教材であり、音声の品質にこだわって作っているとします。すると、この商品の特徴は、「音質最高！」ということになります。また、東大の教授が作っているとしたら、「現役東大教授が監修！」と言えます。その結果キャッチコピーは「現役東大教授が監修した、音質最高のTOEIC教材」となります。このような平凡なキャッチコピーは、非常に良く見かけます。

しかし、私はこういうキャッチコピーを見ると、「売上を倍にできるのにもったいないなぁ」と思ってしまいます。なぜなら、販売者目線で言いたいことを言っているだけで、顧客目線に立ってベネフィットを伝えていないからです。

これでは、欲求は刺激されません。それでは、欲求を刺激するベネフィットとは何なのでしょうか？　答えはこうです。

> ベネフィット＝「商品を手に入れることによって得られる未来」

簡単ですよね。あなたの商品を使えば、見込み客の人生に、どんないい変化が現れるのかを伝えれば良いのです。たとえば、英語教材を使って英語力が伸びたら……

- 一流の外資系企業に就職／転職することができる
- 社内の英語基準をクリアして昇進し給料と地位があがる
- 字幕なしで映画を見ることができる
- 英語で商談に望み、ビジネスチャンスを広げることができる
- 外国人の女性と付き合うことができる
- 海外のビジネスセミナーに参加して人脈を広げることができる
- 英語でビジネスミーティングに参加し社内評価が上がる
- 海外旅行中に日本語は一切使わず英語だけでコミュニケーションできる
- 勤め先の会社で海外事業のリーダーになれる
- 同僚や友人、家族、恋人から尊敬のまなざしで見られる

とりあえず思いつくままに、いくつか書き出してみたものですが、これらはすべて、商品を手に入れた後のお客様の未来の状況を表している点に注目して下さい。

こうしたベネフィットを押し出した方が、「現役東大教授が監修した、音質最高のTOEIC教材」のような商品の特徴を並べただけのキャッチコピーよりも、遥かに見込み客の感情を刺激することができます。

ちなみに、ここで書き出したベネフィットは、あくまでも例です。あなたが実践するときは、ターゲットの顔や生活を想像しながら、最低でも30個は書き出して下さい。私が、ベネフィットリストを作るときは、上で書き出したもの以上に具体的なベネフィットを、最大138個、書き出したりしています。

こうやって、見込み客が得られるベネフィットを下地に作り上げていけば、自然と外れようのないキャッチコピーが完成します。

たとえば、もうTOEICの試験が目前に迫っているという状態の人が、「受講者の83％が、たった3日の勉強だけでTOEICの点数が100点以上UP！」のようなキャッチコピーを見たら、確実に先へと読み進めたくなりますよね。

それに対して、「現役東大教授が監修した、音質最高のTOEIC教材」というキャッチコピーでは、未来に対する期待感が生まれないので、先へ読み進めてもらえる可能性は、かなり低くなってしまうのです。

ここで、「TOEIC試験が目前まで迫っている人間なんてちょっとしかいないだろ。もっとターゲットを広げたキャッチコピーの方が良いんじゃない？」と思う方もいらっしゃると思います。

しかし、ターゲットを極限まで絞るのはキャッチコピー作りの鉄則です。そうすることで、爆発的に、見込み客の欲求を刺激するキャッチコピーになります。結果、売上が必ず上がります。もちろん、それには理由があります。今から、それをお話しましょう。

3種類の見込み客

　見込み客には以下の3種類があります。

> いますぐ客：今すぐにあなたの商品を必要としている人
> おなやみ客：商品は欲しいが、どれにしようか迷っている人
> そのうち客：興味はあるが、本当に商品が必要かどうか
> 　　　　　　迷っている人

　「売上の8割はたったの2割のお客様から生まれる」と言いますが、コピーライティングにも、この法則がそのまま当てはまります。つまり、売上の8割は、「いますぐ客」から生まれるということです。

　もちろん理想は、「おなやみ客」「そのうち客」も獲得することです。しかし、そうすると、ベネフィットが散漫になりキャッチコピーの濃度が薄まります。すると、「いますぐ客」でさえ、「自分には関係ないや」と、あなたの商品をスルーしてしまうのです。

　実は、ランディングページ制作会社に依頼して、一見すると、非の打ちどころのないキレイなセールスレターを作っても、ほとんど結果が出ないのはこれが理由なのです。ランディングページ作成会社は、ここまでしっかりと調査をせずに作っているのです。

　もちろん、あなたはそのような失敗を経験したくはないですよね。だとしたら、キャッチコピーは、「いますぐ客」だけを想定して作成してください。

　それでは、早速、「いますぐ客」の欲求を確実に刺激する、最適なベネフィットを探し出すための方法をお話します。

最適なベネフィットを見つけるための3ステップ

その1：考えつく限りのベネフィットを紙に書き出す。

　一枚の紙とペンと用意して、先ほど定義したターゲットの顔を思い出しながら、アイデアを大量に出すブレインストーミングの要領で、思いつく限りのベネフィットを書き出しましょう。

　商品を手に入れることによって、お客様はどういう未来を手にするのでしょうか？

　深く考える必要はありません。「これはないだろ」と思っていたものでも、後で見返してみたら、「アリだな」という場合も少なくありません。数の目安としては、最低30個書き出して下さい。その際には必ず、ターゲットの顔をイメージしながら行いましょう。

ワークシート③
ベネフィットリスト書き出しシート

①	⑯
②	⑰
③	⑱
④	⑲
⑤	⑳
⑥	㉑
⑦	㉒
⑧	㉓
⑨	㉔
⑩	㉕
⑪	㉖
⑫	㉗
⑬	㉘
⑭	㉙
⑮	㉚

その2：書き出した中から、ターゲット顧客に最も響きそうなものを5つ選ぶ

次に、先ほど書き出したベネフィットリストの中から、想定しているターゲット顧客に最も響きそうなものを自分で5つ選んでください。

このときに、「あっ、これとこれは組み合わせて使うことができるな」などと、新しいアイデアが湧いてくると思います。そうやって湧いてきたアイデアは、必ず紙に書きだして下さい。そして、他のものと比べても、良いものだと判断できたら、ここで選ぶ5つの中に含めましょう。それでは、早速、下記のボックスに書き出して下さい。

ワークシート④
ベネフィットリストを5個に絞る

①
②
③
④
⑤

記入例　ワークシート④
ベネフィットリストを5個に絞る

① 字幕なしで映画を見ることができる
② 同僚や友人、家族、恋人から尊敬のまなざしで見られる
③ 勤め先の会社で海外事業のリーダーになれる
④ 社内の英語基準をクリアして昇進し給料と地位があがる
⑤ 一流の外資系企業に就職／転職することができる

その3：選び出した5つのベネフィットを人に見せ、1つに絞る

最後に、選び出した5つのベネフィットを、あなた以外の人に見てもらいましょう。もちろん、ターゲット客に該当する人に見てもらうのが一番良いです。そして、1つ、とても大事なことをお伝えします。

意見を聞くときは、必ず「この5つのうちでどれが一番ダメですか？」という聞き方をして下さい。そして、それをラストの1つになるまで繰り返します。

聞く人数ですが、10人に聞く事ができればベストです。最低でも3人には聞くようにしましょう。ちょうどピッタリの人がいなければ、あなたが信頼するコピーライターやマーケターの方に聞いてみると良いでしょう。

それでは、最も反応が良かったベネフィットを書き出して下さい。

ワークシート⑤

最も反応が良かったベネフィットは？

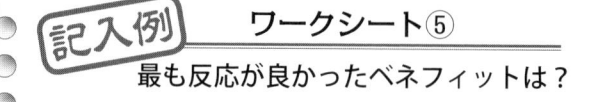

記入例　ワークシート⑤

最も反応が良かったベネフィットは？

字幕なしで映画を見ることができる（あくまでも例です）

さあ、これで、一番押し出すべきベネフィットを選ぶことができましたね。ここで選んだベネフィットは、間違いなく見込み客の興味を強く惹き付けることができる真のベネフィットです。そして、このベネフィットを軸にしてキャッチコピーを書くことで、必ず「効く」キャッチコピーとなります。

> 🖱重要ポイント！
>
> ターゲットを絞れるだけ絞り、そのターゲットにどんぴしゃりのベネフィットを見つけることが、良いキャッチコピー作成の基本！
> そのためには、ターゲットが普段、どのような生活をしているのかを、クリアに想像できるようになるまで、調べることが大事。

2-2 ボディコピーリサーチ

それでは、次に、売れるボディコピーの4つの要素である、「結果」「実証」「信頼」「安心」の材料を集めるためのリサーチ方法をお教えします。ここでは、4つのワークシートを用意しています。もちろん、この4つのワークシートを埋めることで、自然と売れるボディコピーができ上がります。それでは、早速始めましょう。

「結果」パートの材料集め

結果とはズバリ、あなたの商品を手に入れることによって得られる具体的な変化です。こう聞くと、ほとんどの方が、キャッチコピーの項でお話した「ベネフィットと同じですか？」と思うことでしょう。
「ベネフィット」と「結果」は、非常に似ている概念ですが、微妙に違います。

ベネフィットとは？
顧客が得られる未来、または、「どうしても実現したい！」と望んでいる未来。
お客様の心を、ロジックよりも、むしろ感情の面から刺激します。

結果とは？
商品を使うことによって、確実に得られる変化です。「身につく知識」や「受け取るメリット」など、ベネフィットよりも、もっと具体的な事実を指します。

たとえば、先ほどお話したカメラの例で言えば、ベネフィットは、「機械オンチの方でも、プロ並みの写真を簡単に撮れるようになる」ということでした。そして、結果は、セールストークの中で見せている「そのカメラを使って、素人の方が実際に撮った写真」です。

　さらに、キャッチコピーの項でお話した英語教材のベネフィットは、「字幕なしで映画を見られるようになる」でしたが、商品を使って得られる結果は、たとえば、「30日で英語耳が身につく」や、「3000語の英単語を完璧に覚えられる」などです。

　いかがでしょうか？「ベネフィット」と「結果」の違いがおわかりいただけたと思います。それでは、早速、あなたの商品を使って、確実に得られる結果をすべて書き出して下さい。商品によっては、複数あるかもしれませんし、1つだけかもしれません。複数ある場合は、もちろん、書けるだけ書き出して下さい。

ワークシート⑥
結果パート書き出しシート

あなたにお金を払ったら、お客様が 確実に手に入れることができる変化は何ですか？

①
②
③
④
⑤

その結果を一目で伝えるために使える材料は何ですか？
・
・
・

> 記入例　**ワークシート⑥**
> 　　　　結果パート書き出しシート
>
> あなたにお金を払ったら、お客様が確実に手に入れることができる変化は何ですか？
>
> ① 英語を日本語のように聞き取れる英語耳が身につく
> ② ネイティブの人に関心されるほどの英語発音が身につく
> ③ etc.
> ④ etc.
> ⑤ etc.
>
> その結果を一目で伝えるために使える材料は何ですか？
>
> ・実際に英語耳と英語発音を手に入れた人の動画1
> ・実際に英語耳と英語発音を手に入れた人の動画2
> ・実際に英語耳と英語発音を手に入れた人の動画3

　ここで書き出したリストが、ボディコピーの中で伝えるべき、あなたの商品を使うことのよって得られる「結果」です。

重要ポイント！

ベネフィット＝顧客が得られる未来
結果＝商品を使うことによって、確実に得られる変化

「実証」パートの材料集め

次に実証です。実証とは、上で示した「結果」を得られる具体的な理由です。たとえば、カメラ販売の例では、「実際に素人が撮ったキレイな写真」が、そのカメラを使って得ることができる「結果」でした。

しかし、お客様は結果を見せられただけで、何でもかんでも信じるわけではありません。まだ、「それは本当に自分でもできるの？ 自分にも効果があるの？」という疑問を持っています。

したがって、その結果を得ることができる具体的な理由が必要なのです。

上のカメラの例では、「3つのボタンを押すだけで、こんなにキレイな写真を撮れるんですよ。」と、実際にカメラを渡して説明しながら、実践していただきました。すると、お客様は、「本当に自分でも撮れるんだ」と納得しましたね。

どんな商品を販売するにしても、この「実証」を欠かすことはできません。

ケーススタディ　英語教材に見る実証例

たとえば、「30日で英語耳が身につく」という英語教材の場合は、普通に考えたら、「そんな簡単に身につくわけないじゃないか？」と思いますよね。したがって、それを実証するだけの完璧な理由が必要なのです。

以下に、実証の例をあげてみます。

> 本来、人間は3歳までは、どんな音でも聞き取ることができます。しかしその後、4歳〜11歳の間で、育った環境で聞いている音のみ聞き取るようになります。つまり、日本人なら、耳が日本語に適応した構造になっていきます。そして12歳を過ぎると日本語以外の音を聞き取る能力が衰え、たとえ英語を聞いても、日本語の似ている音に置き換えて聞こえるようになるのです。

↓

> それでは、日本語と英語の音の最大の違いはなんなのでしょうか？　その答えは周波数にあります。日本語の音の周波数は、最高でも1500ヘルツであるのに対して、英語の周波数は最低でも2000ヘルツ。だから日本人の耳は、欧米人と比べて、低い周波数の音に特化してしまっています。だから、英語本来の音を聞き取ることができなくなっているのです。

↓

> そして、この商品を使うことによって可聴域が広がります。つまり、子どものときには聞き取ることが出来ていた、高周波数の音（英語）を、もう一度聞き取ることができるようになるのです。そして、この可聴域を広げるトレーニングを、英語の音声を用いて行うので、自然と英語耳が身につきます。

もちろん、言葉だけで「実証」をするよりも、信頼性の高い研究所の科学的／学術的データなど、あなたの説明の理論をサポートするだけの根拠となる資料や証拠を一緒に提示する必要があります。

　さて、お気づきかもしれませんが、あなたの商品を使うことによって得られる「結果」が、良いものであればあるほど、「実証」のパートが多くなります。

　さらに、「実証」がどれだけ長くなったとしても、すべてを完璧に説明しなければ、お客様が感じる「これは本当に私にも効果があるの？」という疑問が解消されることはありません。したがって、商品の効果を実証するために必要なことは、すべてお伝えしてください。

　ここまでお読みになられて、「商品の効果を実証するために必要なことって何？」と思っている方もいることでしょう。そこで、あなたの商品から得られる結果を、効果的に「実証」するためのテクニックをお伝えします。

　そのテクニックとは、ずばり「三段論法」です。

説得力が倍増する三段論法テクニック

　三段論法とは、最も良く使われていて効果的な説得技法の1つです。具体的には以下のような論証方法で、話に説得力を持たせることができます。

三段論法
① AはBである。
② そして、BはCである。
③ つまり、AはCである。

※三段論法は、必ずしも3ステップである必要はありません。四段でも五段でも大丈夫です。

これを、カメラの販売の例に当てはめるとこうなります。

> ① キレイな写真を、3つのボタンを押すだけで撮ることができる。
> ② そして、3つのボタンを押すことは誰にでもできる。
> ③ つまり、キレイな写真は、あなたも撮ることができる。

英語教材の例で言えばこうです。

> ① 英語と日本語の音の最大の違いは周波数
> ② 子どもの頃は、どんな周波数でも聞けるので英語を聞き取ることができる。
> ③ つまり、どんな周波数の音でも聞き取れるようになったら、誰でも英語を聞き取ることができる。（英語耳になる）

いかがでしょうか？　古くから、「人は理由を一緒に順序立てて説明されると、それが論理的に見て正しくなくても説得されてしまう」ということが証明されています。そして、その中でも、三段論法はもっとも強力な説得法なのです。

心理実験　三段論法の効果

たとえば、飛行機のチケットを買う行列に並んでいるとします。飛行機の出発時刻が30分後に迫っているあなたは、悠長に列に並んでいては、間に合いません。したがって、列を譲ってもらわなければいけません。

2-2 ボディコピーリサーチ

そのとき、ただ単純に、

> 列を譲っていただけませんか？

と言った場合と、

> 私が乗らなければいけない飛行機は３０分後に出発してしまいます。
> その飛行機に乗らなければ、ビジネスミーティングに遅刻し、大きな損害を受けてしまいます。
> もし、列を譲っていただけたら、ミーティングに間に合います。
> 大変、申し訳ないのですが、私に列を譲ってくれませんか？

というように三段論法を使った場合とでは、実際に、列を譲ってもらえる確率が3倍も違うのです。

したがって、ボディコピーを書く際、この実証のパートでは、三段論法を使って書くようにしてください。

それでは、早速、この三段論法にしたがって「実証」パートを組み立ててみましょう。

第2章 ● コピーライティングリサーチ編

ワークシート⑦
実証パート書き出しシート

あなたの商品を使って、「結果」が出るのはなぜですか？　その理由を三段論法で書き出しましょう。

■AはBである。

■そして、BはCである。

■したがって、AはCである。

・その根拠を証明する資料はあるか？

ワークシート⑦
実証パート書き出しシート

（記入例）

あなたの商品を使って、「結果」が出るのはなぜですか？
その理由を三段論法で書き出しましょう。

■日本語と英語の音の違いは周波数にある

日本語と英語の音の最大の違いはなんなのでしょうか？　その答えは周波数にあります。日本語の音の周波数は、最高でも1500ヘルツであるのに対して、英語の周波数は最低でも2000ヘルツ。つまり、日本人の耳は欧米人と比べて、低い周波数の音に特化してしまっています。だから、あなたの耳は、英語の音が理解できないのではなく、習慣から聞き取ることができなくなっているだけなのです。

■子どもはどんな周波数の音も聞き取れるので英語もすぐに吸収する

しかし、本来、人間は3歳までは、どんな音でも聞き取ることができます。ですが、その後、4歳～11歳の間で、育った環境で聞いている音のみ聞き取るようになります。つまり、日本人なら、耳が、日本語に適応した構造になっていきます。そして12歳を過ぎたら、日本語以外の音を聞き取る能力が衰え、たとえ英語を聞いても、日本語の似ている音に置き換えて聞こえるようになるのです。

■どんな周波数も聞き取れるようになったら、あなたも英語がわかるようになる

つまり、子どものときには聞き取ることができていた、高周波数の音（英語）を、もう一度聞き取ることができるようになれば、あなたは英語耳を手に入れることができるのです。そして、この可聴域を広げるトレーニングを、英語の音声を用いて行うので、自然と英語耳が身につきます。そして、上の3名の方にやっていただいたのは、難しい英単語や文法を暗記することではなく、誰にでもできるある簡単な方法を使って、聞き取れる周波数の範囲

を、ググっと広げたということだけです。

・その根拠を証明する資料はあるか？
東京大学教授による研究論文

> **重要ポイント！**
>
> 「結果」が出ることを「実証」する理由が大事。
> 説得力のある実証をするためには、三段論法を意識すること。
> あなたの商品によって得られる「結果」が、良いものであればあるほど実証のパートは長くなる。しかし、どれだけ長くなったとしても、必要なことをすべて説明しなければいけない。

「信頼」パートの材料集め

　結果と実証を伝えたら、お客様は、あなたの商品をしっかりと理解してくれている状態になっています。しかし、まだ、「あなたは誰？」という疑問を抱えています。

　そして、その疑問に答えることができなければ、購入という決断には至りません。そのため、あなた、またはあなたの会社を信頼しても良い理由を見せることが必要になります。そして、そのためには、「第三者からの評価」が効果的です。

　「第三者からの評価」とは、たとえば、以下のようなものです。

信頼性を高めるもの12のリスト

今までの実績／経歴　　表彰歴　　創業してからの年数
実店舗のキレイな写真　　セミナーや講演活動の実績
権威者／有名人の推薦　　芸能人からの推薦
同業者からの推薦　　取引実績の数　　雑誌の掲載履歴
専門家からの意見　　　　　　　　　　　　　　　　etc.

　最初の段階では、こうした信頼性を高めるための材料を集めるのに苦労すると思います。しかし、これらがあるとないとでは、それこそ天と地ほどの違いがあります。したがって、全力で、信頼性を高めるパーツを探すようにして下さい。

　なぜ、それほどまでに「信頼」のパーツが重要なのか？　その理由は「権威」にあります。

信頼の裏にある権威の力

　私たち人間は、みな権威に弱い生き物です。もちろん私も同じで、専門家や自分よりも地位の高い方から、何かを教えられたり、薦められたりすると無条件に信じ込んでいる自分を発見することが少なくありません。

　そして、こうした権威の影響は、日常生活の至るところで発見することができます。たとえば、本屋に行ったときのことを考えてみて下さい。

　書籍の帯を見てみると、「○○氏も絶賛！」というコピーを良く見かけます。また、化粧品の商品カタログを見てみると、その分野の専門家が、商品の素晴らしさを解説しています。なぜか？　それは、帯に権威者の推薦があるだけで、本の売上が2倍も3倍も変わるからです。

　また、テレビのニュースを見ているときのことを思い出して下さい。

たとえば、ニュースキャスターは、何かの説明をする際には、必ず、「○○大学の物理学教授の□□博士の研究によると…」とか、「あの△△事件の主任弁護士で、凶悪犯罪事件をいくつも担当している◇◇氏は…」というように前置きを入れています。

さらに、ワイドショーやバラエティー番組を見てみると、○○評論家や、○○教授などのコメンテーターが多数出演しています。なぜなら、私たちは、権威性の高い人や専門家の人が話している中身をしっかりと把握しようとすることもなく、彼らが推薦しているという事実だけを見て、自分で考えることを止めて、権威者の言うことを無条件に信じてしまう傾向があるからです。

テレビ局は、もちろんこの傾向を知っていて、あえてこれを行っているのです。

心理実験	権威の力

この「権威の力」を証明する、ある実験があります。ある病院で行われた実験です。

まず、ある研究者が、看護師室に電話をかけます。その際、自分が病院の医師であることを告げます。そして、一人の患者に対して、ある薬を20ミリグラム投与するように看護師に指示をしました。

状況を簡単に整理すると次のような状況です。

① 研究者は、ただ電話で「医師」だと告げただけである。
② 投与の指示をされた薬は、国から認可がおりていない薬である。
③ 指示された服用量の20ミリグラムは、人体に投与するには危険な量である。

もちろん、これらの指示は、訓練を積んだ看護師であれば、明らかに正しくない指示だということがわかるようなものです。

　しかし、実際は95％の看護師が、何の躊躇も示さず、薬品棚から指示された薬を指示された量だけ取って、患者のもとに向かおうとしました（この時点で、実験であることを告げられる）。非常に恐ろしい実験結果ですが、私たちは権威を目の前にすると思考停止状態になってしまうのです。

　いかがでしょうか？　この権威性はセールスにおいても絶大な威力があります。先ほどの「信頼性を高めるために使えるものリスト」は、この権威性をもとに、あなたへの「信頼」を高めるもののリストです。

　それでは、早速、「信頼」を生むためのリストを書き出しましょう。

ワークシート⑧

信頼パート書き出しシート

あなたの商品の「信頼」を高めるために、使えそうな材料を書き出しましょう。

-
-
-
-
-
-
-

> **記入例　ワークシート⑧**
> **信頼パート書き出しシート**
>
> あなたの商品の「信頼」を高めるために使えそうな材料を書き出しましょう。
>
> ・現役東大教授の坂本先生が監修
> ・坂本先生の著書1
> ・坂本先生の著書2
> ・坂本先生の著書3
> ・坂本先生の講義を受けている現役東大生からの推薦の声1
> ・坂本先生の講義を受けている現役東大生からの推薦の声2
> ・坂本先生の講義を受けている現役東大生からの推薦の声3
> ・坂本先生のコンサルティング/アドバイザー実績
> ・坂本先生の学歴（博士号）

信頼の材料が見つからない場合の対処法

さて、ビジネスを始めたばかりだったり、まだ若い会社の場合、どうしてもこの「信頼」を埋める材料が見つからないということもあると思います。そこで、非常に簡単ですが、とても強力なテクニックをご紹介します。

そのテクニックとは、ある単純な3つの要素を用いて、セールスレターの中で、自分、または商品開発責任者の方の自己紹介を工夫するということです。

その、単純な3つの要素とは、以下のものです。

---

　　　　① 肩書き　　② 服装　　③ 装飾

それでは、ひとつずつ説明していきましょう。

① 肩書き

社会性の動物である私たち人間は、肩書きを非常に大事にしています。肩書きの重要性を示すエピソードとして、私はこんな体験をしたことがあります。

以前、私の叔父からこんな話を聞きました。私の叔父は、工学系の大学院の教授です。そのため、さまざまな企業に出向き、研究員と話す機会が多いのですが、そのとき、叔父は、「絶対に自分が教授であることを研究員に伝えないで下さい」と言っていたそうです。

理由は、自分が教授であることを明かすと、研究員が自由に発言してくれなくなるからとのことです。おそらく、研究員の方は、自分の研究から得られる結果よりも、大学院の教授である叔父の言うことの方が正しいと信じ込んでしまい、自分からは何も言えなくなってしまうのでしょう。

しかし、大学院の教授という肩書きを伏せると、とても活発に発言してくれるのです。ただ、大学院教授という肩書きを名乗るか名乗らないかだけで、ここまでの違いが出るのです。

これが「肩書き」の力です。したがって、信頼のパーツが見つからない場合は、自己紹介の際の、肩書きを工夫してください。

② 服装

次に服装です。もちろん、自己紹介の際は、写真を掲載しますよね。その際は、服装に細心の注意を払って下さい。

服装の違いによる、イメージの変化に関して、レオナルド・ビックマンという社会心理学者がこのような実験をしています。通りすがりの人にお願いして、道に落ちている紙袋を持ってきてもらうという実験です。そして、依頼者が普通のカジュアルな服装をしている場合と、警備員の服装をしている場合とで、その対応にどのような変化が現れるのかを調

べました。

　結果、普通の服装でお願いした場合に紙袋を拾ってくれたのは、警備員の服装でお願いした場合と比べて半分以下の通行人だけでした。

　服装が違うだけで、人の反応がこれほど大きく変わるのです。

　私たちの文化では、習慣的に権威者の服装として定着しているものがあります。それは、「仕立ての良いスーツ」です。したがって、あなたも、ピシッとしたネクタイと、スラッとしたスーツを着て自己紹介の写真を撮るようにして下さい。

③ 装飾

　最後に装飾です。これも自己紹介の写真に関するものなのですが、背景が真っ白の写真よりも、たとえば、高そうな机と、どっしりとした椅子に座っている写真の方が効果的です。

　こうした装飾の効果は、日常生活のいたるところで発見することができます。たとえば、あなたが車を運転しているとします。ある小道に入ったとき、道幅いっぱいに黒塗りのベンツが止まっていました。そのとき、あなたはどうするでしょうか？　おそらく、元来た道を引き返すか、黒塗りのベンツが出て行くまで待っていることでしょう。

　しかし、それがもしボロボロの軽自動車だったらどうでしょうか？　おそらく、多くの人が、クラクションを鳴らして車をどけるように言うでしょう。

　極端な例ですが、これが装飾の効果です。これを、自己紹介の写真に応用して下さい。たとえそれによって、あなたの顔が少し見えにくくなったとしても、問題ありません。

　以上の３つが、信頼のパーツが足りないときの対処法です。

　最初は、この方法で信頼性を演出し、商品を販売して売上を増やしながら、ひとつずつ信頼のパーツを集めていきましょう。あなたの商品の良さを体感するお客様が増えるにしたがって、信頼のパーツは増えてい

きます。

それでは次に、ボディコピーの最後の要素である「安心」に関してお話します。

> **重要ポイント！**
> 人は権威性を目の前にすると、自分の判断よりも、
> 権威による判断の方が正しいと認識する。
> なぜなら、権威性を見せることによって、
> 相手はあなたのことを信頼するからだ。

「安心」パートの材料集め

ここまでで、お客様は商品の良さを知り、あなたの商品に効果があることも納得し、信頼も感じています。しかし、購入の前に、もう1つだけ知りたいことが残っています。

それは、「この商品は本当に価格に見合うだけの価値があるのか？」ということです。

お客様が求めている本当の安心とは？

勘違いしないように気をつけていただきたいのですが、お客様は、決してお金を払いたくないのではありません。あなたの商品に、払うお金に見合うだけの価値があるということを納得したいのです。そして「安心」して購入したいのです。

そのための強力なツールが「お客様の声」、または「過去の販売実績」です。この2つが、効果的な理由は、「社会的証明の原理」で説明することができます。社会的証明の原理とは、「人間は、自分の判断基準／行動基準を、自分ではなく、他人が何を正しいと考えているかに基づい

て判断する」という原理です。

> **心理実験** ｜ 社会的証明の威力

　たとえば、人通りの多い場所で、4、5人の友人たちと一斉に空を見上げてみて下さい。すると、ほとんどの通行人が、同じように空を見上げます。ニューヨークで行われた同様の実験では、何と全体の80％の人が、空を見上げたようです。

　そして、社会的証明の原理によると、「ある行動をとる人が多ければ多いほど、その行動は正しい」と見なされます。もちろん、これは消費者の心理にも同じように働きます。

　お客様の声を見せることによって、今、買おうかどうか迷っている商品を、実際に買って満足している人がこんなにいるとわかり安心できるのです。

　また、お客様の声以外にも、この社会的証明を示すパーツがあります。

　それが、今までの売上実績です。ネット通販で知られる「スカルプD」の販売方法を見ると、売上実績を公開することの有効性が、すぐにわかります。たとえば、性に関するものや、個人の深いコンプレックスに基づいた商品の場合は、お客様の声を集めることが難しいですね。

　その際は、「〇〇万人の人が買った」のような販売実績を明示すれば、「自分と同じような人が買っていて、しかも満足しているから、これは良いものなのだ。」と安心するのです。

　さあ、もう説明は不要ですね？　今すぐ、「安心」のパーツを集めましょう。

2-2 ボディコピーリサーチ

ワークシート⑨
安心パート書き出しシート

「安心」していただくために、使える材料をすべて書き出しましょう。

-
-
-
-
-

記入例

ワークシート⑨
安心パート書き出しシート

「安心」していただくために、使える材料をすべて書き出しましょう。

- 商品使用者の感想の声1
- 商品使用者の感想の声2
- 商品使用者の感想の声3
- 商品使用者の感想の声4
- 商品使用者の感想の声5

☞ **重要ポイント!**

社会的証明を見せることによって、人は安心を感じる。

4つのパーツの組み合わせの型

さて、今まで紹介した「結果」「実証」「信頼」「安心」の4つのパーツを組み合わせるだけで、読むだけでお客様が、「この商品が欲しい！」と思って貰えるようなボディコピーが完成します。

しかし、各パーツの配置の仕方には、注意をする必要があります。なぜなら、パーツの配置によっても、お客様の反応率が大きく変わってしまうからです。そこで、最後に、各パーツの効果的な配置方法をお伝えしておきます。

それが、以下の3種類です。

---

① 「結果 → 実証 → 信頼 → 安心」パターン
② 「結果 → 安心 → 実証 → 信頼」パターン
③ 「結果 → 信頼 → 安心 → 実証」パターン

実際に、どのような配置にするかは、各パーツの説得力のバランスによって変わってきます。

では、ひとつずつ解説していきましょう。

① 「結果→実証→信頼→安心」パターン

```
┌─────────────────────┐
│     キャッチコピー      │
├─────────────────────┤
│        結果          │
├─────────────────────┤
│        実証          │
├─────────────────────┤
│        信頼          │
├───────┬───────┬─────┤
│ 安心  │ 安心  │ 安心 │
│お客様 │お客様 │お客様│
│ の声  │ の声  │ の声 │
├───────┴───────┴─────┤
│    クロージングコピー   │
└─────────────────────┘
```

　これは、最も基本的なパターンです。一番最初は、このパターンから取り組むことをオススメします。
　急にセールスレターを仕上げなければいけない場合、「信頼」と「安心」のパーツをゼロから集めるとしたら、少し時間がかかることでしょう。しかし、それらのパーツが完璧に揃うまで待っていたら、いつまでたっても販売を開始することができません。
　一方、「結果」と「実証」のパーツは、誰でもすぐに用意することができます。そして、「結果」と「実証」に強くフォーカスして書くことで、本質的なコピーライティングの力を身につけることができます。
　したがって、まずは、このパターンから取り組んで下さい。

②「結果→安心→実証→信頼」パターン

```
┌─────────────────────────┐
│     キャッチコピー      │
├─────────────────────────┤
│         結果            │
├───────┬───────┬─────────┤
│ 安心  │ 安心  │  安心   │
│お客様 │お客様 │ お客様  │
│ の声  │ の声  │  の声   │
├───────┴───────┴─────────┤
│         実証            │
├─────────────────────────┤
│         信頼            │
├─────────────────────────┤
│    クロージングコピー   │
└─────────────────────────┘
```

　次は、「結果」のすぐ後に、「安心」を持ってくるパターンです。良い商品を販売していると、お客様の声がどんどん集まってきます。そして、そうやってお客様とコミュニケーションをとっていると、お客様との距離がどんどん近づいていきます。

　お客様との距離が近づけば、「お客様の声」を充実させることができます。たとえば、顔写真を撮らせていただいたり、感想の声を動画に撮らせていただいたり、お客様の成功事例を詳しく掲載させていただいたり。

　そうなれば、「安心」のパーツの有効性が、数倍数十倍にもなります。すると、それは、あなたの商品に効果があるということの絶対的な証明になります。その際は、このパターンにしたがってボディコピーを構成することで売上が増えます。

③「結果→信頼→安心→実証」パターン

```
┌─────────────────────┐
│    キャッチコピー    │
├─────────────────────┤
│        結果          │
├─────────────────────┤
│        信頼          │
├──────┬──────┬──────┤
│ 安心 │ 安心 │ 安心 │
│お客様│お客様│お客様│
│ の声 │ の声 │ の声 │
├──────┴──────┴──────┤
│        実証          │
├─────────────────────┤
│   クロージングコピー  │
└─────────────────────┘
```

　最後は「信頼」を「結果」のすぐ後に持ってくるパターンです。あなたの商品が市場に広まり、商品の認知度が上がると、その道の専門家の方や、業界で有名な方などの権威性のある方から、推薦の声をいただきやすくなります。

　その場合、権威の力は絶大なので、「信頼」を上部に持ってくるパターンが有効です。さらに、その後に、「結果→安心→実証→信頼」パターンで紹介したような、実際のお客様の声を持ってくると、お客様は、あなたの商品の効果に疑いを持つ余地がありません。

　また、すでに十分な信頼性のある大企業の場合は、このパターンが非常に多いです。成約率も非常に高くなりますので、最終的には、このパターンでセールスレターを書くことを目指しましょう。

　もちろん、新商品のリリース直後からでも、強力な「信頼」と「安心」のパーツを用意することができるのであれば、最初から、この形でも問題ありません。

2-3 クロージングコピーリサーチ

それでは、次にクロージングコピーリサーチに移りましょう。クロージングコピーで必要なのは、あなたの商品を魅力的に見せるオファーをすることです。

そして、魅力的なオファーを作り上げるためには、下記の4つの要素が必要になります。

---

① 簡便性（早い・簡単）
② 希少性（個数・期限 etc.）
③ 特典（プレミアム性）
④ 保証

ここでは、あなたのオファーにこの4つの要素を取り入れるための、4つのワークシートを用意しています。そして、このワークシートを実践すると、あなたの商品を買わずにはいられないぐらいに魅力的なオファーが完成します。

それでは、早速進めましょう。

簡便性

魅力的なオファーは、すべて、「素早く」「簡単に」、抱えている悩みや痛みを解消するという要素を含んでいます。

第1章でお伝えしたドミノピザの例で言えば、「30分以内に確実に熱々のピザが届く」という簡便性があります。また、荷物の配達サービスで、急成長を遂げたFedexという会社は、「24時間以内に、必ず目的地に荷

物を届けます」という簡便性を押し出したオファーで、競合他者を一気に引き離しました。

ちなみにFedexが、このオファーを出したとき、他者サービスでは荷物が配達されるまでの時間はかなりバラバラでした。その中で、このオファーを出したのですから、当然利用者は殺到します。

> 心理実験　簡便性の有効性

このように人は、素早く簡単に効果を得られるものを求めるという強い習性があります。こうした人間の習性を実証するため、2002年にノーベル経済学賞を受賞した行動経済学者のダニエル・カーネマンは、以下のような実験をしました。

被験者の目の前に以下の2つの選択肢が提示されます。

> 選択肢1：100万円が無条件で手に入る
> 選択肢2：コインを投げ表が出たら200万円、裏が出たら0円

この場合、99％の人が、確実に100万円を手に入れることができる選択肢1を選びます。つまり、人は半分の確率で手に入る200万円よりも、100万円という「確実な利益」を選ぶのです。

このような理由から、人は「簡便性」の高いオファーに抵抗できないことがわかります。

そして、この実験はこれで終わりではありません。今度は「被験者は200万円の借金を抱えている」という条件をつけて、同じく以下の2つの選択肢が与えられます。

> 選択肢1：100万円が無条件で手に入る
> 選択肢2：コインを投げ表が出たら200万円、裏が出たら0円

すると、今度はほぼすべての人が選択肢2を選ぶのです。

この結果からわかることは、人は利益を目の前にすると、利益が手に入らないというリスクを回避しようとし、損失を目の前にすると、損失そのものを一度に回避しようとする、ということです。

つまり、人は「今ある痛みや悩みを回避できるという確実な利益」を目の前にすると、あなたの商品を購入する以外の選択肢は考えられなくなるのです。

そして、オファーに簡便性を付け加えるということは、「今ある痛みや悩みを回避できるという確実な利益」を主張するということなのです。

簡便性を演出する方法

それでは、あなたのオファーに、この簡便性を付け加えるには、何をすれば良いのでしょうか？　答えは、「すぐに実感できる満足」をオファーに組み込むことです。すぐに実感できる満足…と言うと、中々すぐには思い浮かばないかもしれませんね。しかし、実は、そのための方法はいくつもあります。たとえば、下記のようなものです。

> ・効果が現れるまでの時間を明記する。
> ・ステップバイステップで簡単に実践できることを伝える。
> ・「簡単」に「素早く」という意味の文言を追加する

2-3 クロージングコピーリサーチ

　それでは、早速、あなたのオファーに組み入れることができる簡便性の要素をリストアップしましょう。

ワークシート⑩
簡便性書き出しシート

あなたの商品の特徴の中から、簡便性を表すものを書き出して下さい。

・
・

記入例　ワークシート⑩
簡便性書き出しシート

あなたの商品の特徴の中から、簡便性を表すものを書き出して下さい。

・音源を聞くだけで、英語耳とネイティブ発音が身につく
・やることは、30日の間、毎日30分、音源を聞くだけ。

☞ **重要ポイント！**

人は常に、何かを「素早く」「簡単に」達成する方法を求めている。

希少性

　魅力的なオファーを作るためには、希少性は必要不可欠です。なぜなら、人は、数が少ないものにこそ価値を感じるからです。

　たとえば、ダイヤモンドなどの宝石を考えてみて下さい。宝石とは、つまるところ、ただの石です。しかし、流通量が極端に少ないため、非常に貴重なものだとされています。

　また、コショウの例も考えてみましょう。中世ヨーロッパでは、コショウは金と並んで高価なものとされていました。なぜなら、ヨーロッパでは、コショウを大量に必要としていたのにも関わらず、手に入る量が非常に限られていたからです。そのため、店先にコショウが並んだときは、誰もが我先にと追い求めていたのです。

　しかし、インドへの航路が見つかり、コショウを必要なだけ大量に手に入れられるようになってから、コショウの価格は急落し、単なる消費材の一つとなりました。つまり、商品そのものの質には関係なく、それが手に入りやすいか手に入りにくいかという一点だけで、人びとの購買意欲が大きく変わるのです。

心理実験　｜　希少性の罠

　手に入りにくいもの／量が少ないものに高い価値を感じるという人間の心理は、あらゆる科学者が証明しています。その中でも、ステファン・ウォーチェルの次の実験が有名です。

　被験者に瓶の中に入っているクッキーを食べてもらい、その味を評定してもらうという実験です。ただし、半分の被験者には、クッキーが10個入った瓶を手渡し、もう半分には、クッキーが2個しか入っていない瓶を渡します。

　もちろん、どちらも瓶の形状は同じで、クッキーも同じものです。

　結果は、10個のうち1個を与えられた人よりも、2個のうち1個を与

えられた人の方が、そのクッキーに対して遥かに好意的な評価をしました。同じクッキーでも、残り少ないという理由だけで、より高く評価されるのです。さらに、最初は、10個入りの瓶を見せられて、その後「別の人が沢山食べてしまった」と2個入りの瓶を渡した場合は、一層、高く評価されるという結果が出ました。

つまり、最初から手に入りにくかったものよりも、新たに手に入りにくくなったものの方が高く評価されるのです。その理由は心理的リアクタンス効果にあります。人は、ものごとを自分の意思でコントロールしたいという感覚を持ちたがります。そして、行動や選択の自由が制限されると、その自由を回復したいと強く動機付けられます。

つまり、あなたのオファーで希少性を演出することによって、お客様は商品に対して、より好意的な評価をし、購買という行動を取りやすくなるのです。

希少性を演出する方法

それでは、あなたのオファーに希少性を演出するには、どうすれば良いのでしょうか？　その答えはとても簡単です。以下の7つの「限定」を組み込むだけです。

① 人数限定（100名様限定）
② 数量限定（100個限定）
③ 時間限定（12時～13時まで）
④ 日数限定（9月10日～9月15日まで）
⑤ 曜日限定（水曜日限定）
⑥ 客層限定（女性限定）
⑦ 条件限定（○○を買われた方限定）

これらの7つの限定要素のうち、あなたの商品に使える要素をすべて取り入れて、商品のオファーをしましょう。それだけで、人は、あなたのオファーをより魅力的だと感じるようになります。

それでは、早速、上の7つの限定のうち、あなたの商品オファーに組み込めるものを書き出しましょう。また、希少性を演出する際は、たとえば、「なぜ一日に10個しか販売できないのか？」「なぜ、その期間だけなのか？」などの正当な理由が必要です。
ですから、希少性の理由も一緒に書き出しましょう。

ワークシート⑪
希少性書き出しシート

あなたの商品に付与することができる希少性を書き出しましょう。

希少性：

理由：

希少性：

理由：

希少性：

理由：

2-3 クロージングコピーリサーチ

記入例 ワークシート⑪
希少性書き出しシート

あなたの商品に付与することができる希少性を書き出しましょう。

希少性：毎月300本の限定販売

理由：サポートメールが、毎週50通にも達しており、これ以上増えると、一人一人に質の高いアドバイスを送ることができなくなるため。

希少性：

理由：

希少性：

理由：

重要ポイント！

人は、手に入りにくいものに、より多くの価値を感じる。

特典

　次に特典（プレミアム）です。これは商品に特典を付けるということです。とても単純ですが、特典を付けることによってオファーの価値が高まります。

　たとえば、一時期、女性用のアパレルショップで、服を買ってくれたお客様にエコバッグを無料でプレゼントすることが流行っていました。そのエコバッグ欲しさに、行列ができたぐらいです。また、ネット回線のイーモバイルは、入会したらPCが0円で手に入るという特典戦略で大々的にキャンペーンをしていました。結果、ライバルと差を付けて、圧倒的な急成長を記録しました。

　このように、魅力的な特典を用意しておくと、「特典が欲しいから」という理由で商品を買う人さえ出てくるのです。したがって、できる限り、あなたのオファーにも特典を用意して下さい。商品券や旅行券の当選権利などのような懸賞でも構いませんが、できるだけ、あなたの商品と関連のある特典を用意することをオススメします。

　そして、特典単体としても「欲しい」と思ってくれる人がいるぐらいに、メインの商品に負けないぐらいクオリティの高い特典を用意しましょう。

　それでは、早速あなたのオファーに組み込めそうな特典をリストアップして下さい。特典は複数あっても、もちろん構いません。そして、それだけではなく「なぜ、その特典が必要なのか？」という理由も一緒に書き出して下さい。

　その理由が、そのまま、特典の価値をお客様にアピールする際に使える言葉となります。ただ、特典を差し上げますと伝えるよりも、その特典の価値を伝えるようにしましょう。

ワークシート⑫
特典書き出しシート

特典案と、その特典がお客様に与えるベネフィットを書き出しましょう。

特典：

ベネフィット：

特典：

ベネフィット：

【記入例】
ワークシート⑫
特典書き出しシート

特典案と、その特典がお客様に与えるベネフィットを書き出しましょう。

特典：現役東大生15名が教える暗記術

ベネフィット：一度覚えた知識をすぐに吸収できるようになるので、英語学習の効率が倍増する。

特典：

ベネフィット：

> **重要ポイント！**
> 人は、常にお得な取引を求めている。

保証

　魅力的なオファーを完成させる最後の要素が保証です。勘違いをしないでいただきたいのですが、お客様は返金を求めているのではありません。あなたの商品を購入することで満足できることを求めているのです。
　つまり満足を保証することです。そのためにできることには以下の3つがあります。

・返金／返品保証
・アフターサービスの保証
・サポート保証

　それでは、早速、あなたの商品に追加できる「保証」を書き出しましょう。

ワークシート⑬
保証書き出しシート

商品に付与することができる保証を書き出しましょう。

-
-
-
-
-
-

記入例 ワークシート⑬
保証書き出しシート

商品に付与することができる保証を書き出しましょう。

・全額返金保証
・サポート保証
・
・
・
・

2-4 すべての材料を組み合わせることで売れるレターが完成する

　さて、ここまでで、あなたは以下の材料を集めることができたことでしょう。

■キャッチコピー
　① キャッチコピーのひな形

■ボディコピー
　②「結果」パートの材料
　③「実証」パートの材料
　④「信頼」パートの材料
　⑤「安心」パートの材料

■クロージングコピー
　⑥ 簡便性の材料
　⑦ 希少性の材料
　⑧ 特典
　⑨ 保証

　あとは、これを組み合わせるだけで売れるセールスレターが完成します。もちろん、組み合わせ方にもコツがあるので、それに関しては次の第3章でじっくりとお話します。

　さて、実は、セールスレターを書く際に、もっとも時間がかかるのが、

これらの9つのパーツを集める作業です。なぜなら、これらの材料次第で、商品が売れるか売れないかが決まるからです。そのため、自分の商品のセールスレターを書くときはもちろん、クライアントのセールスレターを見るときも、細心の注意を払って、1つも気を抜かずに、これらの材料を集めます。

そして、良い材料さえ集めてしまえば、実際にセールスレターを執筆する時間など、せいぜい2～3時間程度で済みます。それでいて、爆発的に売れるセールスレターが仕上がります。

さて、次の章に移る前に、1つ覚えておいていただきたいことがあります。それは、コピーライターの間で古くから存在する次の格言です。

「コピーライティングの仕事はリサーチで決まる」

そう、コピーライターというと、どうしても書く部分ばかりに焦点が当てられますが、実際は机に向かって書き続ける時間は非常に短いものです。それよりも、セールスレターを書くための材料を集める時間の方が圧倒的に長いのです。

ぜひ、この格言を覚えておいて下さい。

それでは、次の章から、それぞれの材料を組み合わせて、売れるセールスレターを作っていきましょう。

第3章

コピーライティング実践編

3-1 構成の概要

それでは、これから、いよいよリサーチした材料をもとにしてコピーライティングを完成させていきましょう。ここで必要なステップはとても単純で以下の5つです。

---

① ベネフィットを押し出したキャッチコピーのひな形を作る
② 各パーツをスムーズにつなげるための小見出しを考える
③ 追伸を書く
④ キャッチコピーを完成させる
⑤ 全体をチェックする

第2章でしっかりと、それぞれの材料を集めておけば、2〜3時間で終わらせることができます。

私がセールスレターを書くときも、その時間のほとんどは、材料集め（クライアントに集めてもらうことも含む）にかかっており、実際に机に向かっているのは、たったの半日だけです。

それでは、早速始めましょう。

3-2 キャッチコピーのひな形作成

　それでは、早速キャッチコピーのひな形作成へと進みましょう。ここでお教えする方法を使えば、誰でも簡単に高い反応率を出すキャッチコピーを書くことができます。

　例として、第2章で想定した英語教材を販売するとしてお話します。書き出したベネフィットの中から、「字幕なしで映画を見られるようになる」の反応が最も良かったとしましょう。

　これはあくまでも例としてお話しているだけなので、実際に「字幕なしで映画がわかる」が、高い効果を出す保証はありません。必ず、ベネフィットの選定ステップを実践して、最も訴求力の強いものを選んで下さい。

▷ 反応率の高いキャッチコピーの7つの型

　まずは、「字幕なしで映画を見られるようになる」というベネフィットを、次の7種類の型に変えていきます。

---

① 証言型：〜するだけで〜になりました。
　実際にお客さんが言っているかのように見せる型です。

② 質問型：〜で、〜できるって本当ですか？
　これも実際にお客さんが質問しているかのように見せる型です。

③ 提案型：〜で〜する方法があるのですが…
　あなたがお客さんに提案しているように見せる型です。

> ④ 断定型：私に〜を下さい。そうすれば、〜になります。
> 　「お客さんが、〜をすれば、こうなりますよ」と断定する型です。
>
> ⑤ 限定型：〜で〜したいあなたへ
> 　最初から、ターゲットを限定する型です。
>
> ⑥ 教育型：〜するために、〜する必要はありません。
> 　見込み客に教えるように語りかける教育の型です。
>
> ⑦ 予言型：もし〜しなければ、〜になります。
> 　「私の言う通りにやれば、こうなりますよ」という予言の型です。

　この7つの型は、どのような商品やサービスでも、高い反応率を叩き出すキャッチコピーの基本型です。もちろん、私も実際に使っています。まずは、この型にしたがって、「字幕なしで映画を見られるようになる」を言い換えると、以下のような形になります。

証言型
英語が苦手な私でも、字幕なしで映画を見られるようになりました！

質問型
字幕なしで映画を見られるようになるって本当？

提案型
**たったの1ヵ月で、字幕なしで映画を
見れるようになる方法があるのですが**

語り型
**私に1ヵ月いただければ、字幕なしで
映画を見られるようにしてみせます！**

限定型
**たったの1ヵ月で、字幕なしで映画を
見られるようになりたい学生のあなたへ**

教育型
**字幕なしで映画を見るために
何ヵ月も勉強する必要はありません**

予言型
**1ヵ月後…あなたは、字幕なしで
映画を見られるようになります。**

　これらがメインのキャッチコピー候補となります。
　こうやって、7つの型にしたがって言い換えて、文字を大きくするだけで、かなりインパクトが出てきますね。
　私が個人的に、一番多用しているのは、最初の「証言型」のキャッチ

コピーです。証言型は、どのような商品やサービスにも応用することができて、全体的に高い精読率を生んでくれます。

　しかし、この中で、どれが一番、良い反応を取れるのかは、やはりテストしてみなければわかりません。したがって、あなたが完璧を目指したいなら、他の人にキャッチコピーを見てもらいましょう。
　理想は、やはり10人以上程度で、できるだけターゲットとしている見込み客と似ている人に見て貰うことです。そして、「どれが一番ダメ？」という聞き方で1つずつ消していきます。
　さて、ここまでできれば、キャッチコピーは6〜7割方完成です。セールスレターを組み立て始める段階では、ここまでできていれば十分です。そして、一度、セールスレター全体を組み立ててから、最後にキャッチコピーの完成度を高める作業に入ります。
　したがって、キャッチコピーで伝えることがここまで決まったら、ボディコピー・クロージングコピー・追伸に移っていきましょう。

　さて、次に移る前に、最近、私が見た中で、「これは良い！」と思ったキャッチコピーの例をご紹介しておきます。すべて、顧客が得られるベネフィットを押し出し、欲求を喚起するものになっていることに注目しながら見て下さい。

効果的なキャッチコピー実例

　まずは証言型のオーソドックスなキャッチコピー

**背中ニキビを気にしないで
海だって行きたいし背中の開いた服を
堂々と着たい！**（ニキビクリーム）

こちらも証言型

蛇口から直接、
水が飲めるなんて感動です!
お風呂もシャワーも臭いません!（浄水器）

またまた証言型

ずっと、歯が気になって笑えなかったけど
今は、自然な白い歯で笑顔に
自信が持てました。（歯科ホワイトニング）

教育型を変形させたキャッチコピー

わが家の保険、高い？　安い？
約7割の人が「保険料が高い」と
感じている事実!（ファイナンシャルプランナー）

こちらも証言型

もう一度、事故や病気をする前の
元気で健康な身体と自信を取り戻し
外を自由に歩き回れるようになりました!（催眠療法師）

3-3 各パートの当てはめと見出し作成

　ここでは、キャッチコピーのひな形が、「英語が苦手な私でも字幕なしで映画を見られるようになりました！」に決まったと仮定してお話します。また、ボディコピーの構成に関しても、最もオーソドックスな「結果」→「実証」→「信頼」→「安心」のパターンを使います。

```
┌─────────────────────────┐
│     キャッチコピー      │
├─────────────────────────┤
│         結果            │
├─────────────────────────┤
│         実証            │
├─────────────────────────┤
│         信頼            │
├───────┬───────┬─────────┤
│ 安心  │ 安心  │  安心   │
│お客様 │お客様 │ お客様  │
│ の声  │ の声  │  の声   │
├───────┴───────┴─────────┤
│    クロージングコピー   │
└─────────────────────────┘
```

　ボディコピーだけに限る話ではありませんが、コピーライティングは全体をスッと流れるように構成する必要があります。しかし、キャリアをスタートしたばかりのコピーライターは、頻繁にボディコピーの構成で迷ってしまい、ひとつひとつのパーツで流れが分断されるような書き方をしてしまいます。

　読み手は、1ヵ所ぐらいなら読みにくい箇所があっても、あまり気にしないのですが、それが2ヵ所、3ヵ所と増えるごとに、「何言ってるかわからない！　もう読むの止めた！」とセールスページから離脱していってしまいます。

　ですので、コピーライターはそのような状況を、防がなければなりま

せん。そして、そのために最も有効な方法が、あらかじめ各パーツの見出しを決めて全体を構成していくということです。

具体的には、以下のように、まず見出しを決めます。

キャッチコピー	英語が苦手な私でも字幕なしで 映画を見られるようになりました！
結果の見出し	英語耳とネイティブ発音を手に入れた人がぞくぞく
実証の見出し	なぜ、誰でも英語がわかるようになるのか？
信頼の見出し	現役東大教授の柿谷先生がお教えします。
安心の見出し	既に1000人以上の方が英語耳になりました！
クロージング	まずは「商品名」をお試し下さい。 そして30日後に字幕なしで映画を見てみて下さい！

いかがでしょうか？　見出しを見ていくだけでも、全体の流れがわかりますし、ちょっと中身を読んでみたくなりますよね。後は、この見出しに沿って、第2章で集めた材料を当てはめていくだけです。
　すると、次のようになります。

構成例

英語が苦手な私でも字幕なしで映画を見られるようになりました！

30日で英語耳とネイティブ発音になった人がぞくぞく！

実際に英語を字幕で見られるようになった人の上達具合を動画でご確認下さい！

ネイティブの 発音がわかる！ ▶ 動画1	発音が良いって 褒められました！ ▶ 動画2	友達から尊敬の目 で見られます。 ▶ 動画3
30代会社員　野崎さん	50代主婦　浜中さん	20代学生　有田さん

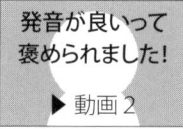

なぜ、誰でも英語がわかるようになるのか？

なぜ、どんな方でも、今までどれだけ学習してもわからなかった英語が、たった30日でウソのように聞き取れるようになるのでしょうか？

理由は英語と日本語の周波数の違いにあった！

日本語と英語の音の最大の違いはなんなのでしょうか？　その答えは周波数にあります。日本語の音の周波数は、最高でも1500ヘルツであるのに対して、英語の周波数は最低でも2000ヘルツ。つまり、日本人の耳は欧米人と比べて、低い周波数の音に特化してしまっています。だから、あなたの耳は、英語の音が理解できないのではなく、習慣から聞き取ることができなくなっているだけなのです。

3-3 各パートの当てはめと見出し作成

子どもはすべての周波数の音を聞き取ることができるので、英語も聞き取ることができる。

しかし、本来、人間は3歳までは、どんな音でも聞き取ることができます。ですが、その後、4歳～11歳の間で、育った環境で聞いている音のみ聞き取るようになります。つまり、日本人なら、耳が、日本語に適応した構造になっていきます。そして12歳を過ぎたら、日本語以外の音を聞き取る能力が衰え、たとえ英語を聞いても、日本語の似ている音に置き換えて聞こえるようになるのです。

どんな周波数の音でも聞き取れるようになったら、誰でも英語を聞き取ることができる。

つまり、子どものときには聞き取ることができていた、高周波数の音（英語）を、もう一度聞き取ることができるようになれば、あなたは英語耳を手に入れることができるのです。そして、この可聴域を広げるトレーニングを、英語の音声を用いて行うので、自然と英語耳が身につきます。そして、上の3名の方にやっていただいたのは、難しい英単語や文法を暗記することではなく、誰にでもできるある簡単な方法を使って、聞き取れる周波数の範囲を、ググっと広げたということだけです。

現役の東大教授坂本先生がその方法を教えます！

プログラム開発者坂本先生

［写真　仕立ての良いスーツ　大学の教授の部屋で写真撮影］

・1984年東京大学英文学科卒業後、
・ハーバード大学院にて博士号を取得。
・2005年に東京大学の教授に就任。
・SOMY、薬天など大企業の社内の英語公用化施策のアドバイザーも務める。

坂本先生の著書

本1	本2	本3
書籍名 出版社名 書籍画像	書籍名 出版社名 書籍画像	書籍名 出版社名 書籍画像

現役東大生からも推薦の声！

先生の講座は 東大生にも 大人気です	英語が苦手な私も できました！	先生は英語を 話せないすべての 日本人の味方です
英文学部 山田太郎さん	社会学部 伊藤優子さん	人類学部 田中諭史さん

既に1000人以上の方が英語耳になりました！
喜びの声がどんどん届いています！

感想　タイトル
顔写真／名前／年齢／住所
感想文

感想　タイトル
顔写真／名前／年齢／住所
感想文

感想　タイトル
顔写真／名前／年齢／住所
感想文

「＊＊商品名＊＊」をお試し下さい！
そして、30日後に字幕なしで映画を見てみて下さい。

商品画像／説明

あなたがやることは、毎日30分聞き流すだけ
それで英語耳とネイティブ発音が自然と身につきます。

「＊＊商品名＊＊」を使うと、耳の可聴域を英語の平均的周波数である2000ヘルツ以上まで、広げることができます。すると、英語の音を日本語に置き換えずに、英語のナチュラルな音のまま聞き取れるようになります。

英語の音をそのまま聞き取れるようになると、頭の中で、聞き取った英語を日本語に変換する作業がなくなり、聞いた瞬間に、スッと英語がわかるようになります。すると、今まで全くわからなかった英語を、まるで日本語を聞いているかのように理解できるようになります。

そのために、あなたがやることは、これから30日間、毎日リラックスできる環境で、この音源を聞くことだけです。

さらに今なら『現役東大生15名が教える暗記術』をプレゼント！

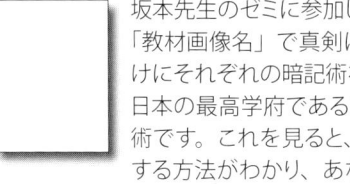

坂本先生のゼミに参加している現役東大生15名が、「教材画像名」で真剣に英語を学びたいあなただけにそれぞれの暗記術を公開していただきました。日本の最高学府である東大生が実践している暗記術です。これを見ると、大事な知識をすぐに吸収する方法がわかり、あなたの英語学習の効率は倍増します。

毎月300本限定の販売です。

「＊＊商品名＊＊」には、坂本先生ご自身による週に一度のメールサポートがついています。あなたからいただいたご質問を、週に一度、土曜日に坂本先生にお渡しし、月曜日までに、坂本先生ご自身から、あなたへアドバイスのメールを送ります。

現在、坂本先生に届くご相談のメールは、毎週50通にも達しています。これ以上になると、ご相談いただいたすべての方に対して質の高いアドバイスを保つことはできません。そのため、「＊＊商品名＊＊」は、毎月300本限定で販売させていただいております。300本に達した場合は、残念ですが、お申し込みいただけるのは来月以降となります。

※300本に達した場合、システムの側でお申し込みを完了することはできないようになっております。今、このページをお読みの、このときにも、上限数に達してしまう可能性があることをご了承下さい。

さらに、30日たって効果がなかったら全額返金保証!

もし、あなたが30日後、字幕なしで映画を見て、さっぱり英語を聞き取れるようになっていなかったとしたら、お電話かメールでご連絡下さい。ご連絡をいただいてから1週間以内に、全額返金させていただきます。これは、商品に絶対の自信を持っているからこその満足保証です。

```
メールアドレス：xxxx@xxxx.com
電話番号：〇〇〇-〇〇〇〇-〇〇〇〇
```

商品画像／説明

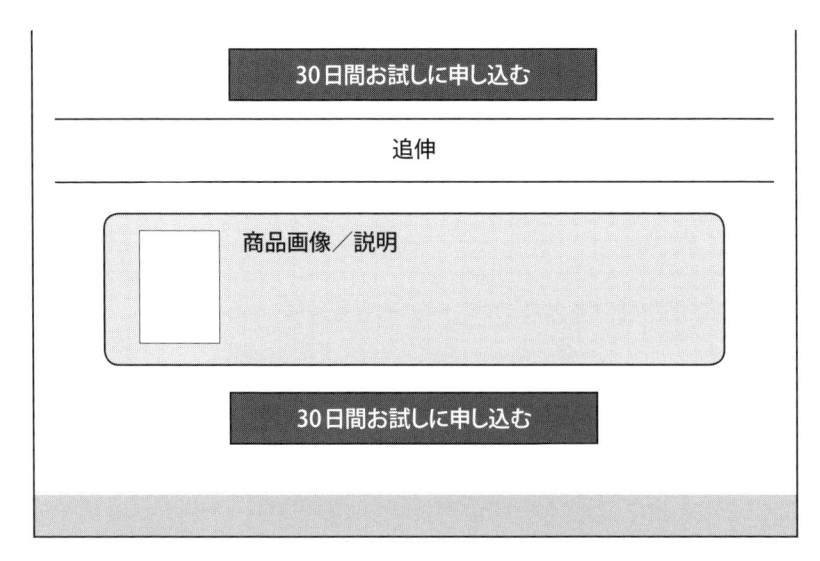

※あくまでも例であり、内容は架空のものです。また、このレター自体の効果を保証するものではありません

　いかがでしょうか？　これは、架空の英語教材を例にしたものですが、見出しを付けて、第2章で集めた材料を当てはめるだけで、かなり売れるセールスページっぽくなってきましたよね。
　大見出し、小見出しを見ていくだけでも、流れがスムーズで、中身が気になるセールスページとなっていることをご確認下さい。
　ですが、セールスレターは、まだ完成ではありません。最後の「追伸」の部分が抜けていますね。早速、このまま追伸の作成に移りましょう。

3-4 追伸の作成

第1章でお話した通り、追伸の役割は、

> 斜め読みをする人にもオファーの内容を理解してもらうこと

でしたね。

そのためにも、セールスレターの内容を洗い出して、次の3つの点を繰り返し、簡潔に伝えましょう。

追伸で伝えるべき3つの要素

① **商品のベネフィットをまとめて伝える。**

セールスレターの中から、お客様が得られるベネフィットやメリット、商品の特徴を洗い出し、もう一度伝えましょう。「保証」のパートも、こちらで伝えます。

② **希少性（販売期間、販売個数）などの注意事項を伝える。**

商品のベネフィットを伝えたら、次に商品の希少性を伝えましょう。

③ **商品を手に入れられなかったらどうなるかを伝える**

最後に、あなた自身の商品に対する思いも伝えながら、あなたの商品を手に入れなければ、セールスレター内で伝えているベネフィットを得ることもできないし、未来は今のままずっと変わらない旨を伝えましょう。追伸で伝える内容は、すべてセールスレター内で話していることの繰り返しで構いません。なぜなら、重要な情報を繰り返し伝えることで、

レター全体に一貫性が生まれるからです。そして、一貫性を保つことで、説得力が高まります。

　簡単ですよね？
　それでは、次にキャッチコピーを完成させて、いよいよセールスレターは、9割方完成します。

3-5 キャッチコピーを完成させる

それでは、最後にキャッチコピーの完成度を高める作業をしましょう。現在のキャッチコピーは、

> **英語が苦手な私でも字幕なしで
> 映画を見られるようになりました！**

ですが、これだけだと、ちょっと寂しい感じがします。

🗒 キャッチコピー周りとは？

そこで必要になるのが、「キャッチコピー周り」の文言です。たとえば、下記のようなものです。キャッチコピーの周りに、いくつか文言を追加するだけで、グッと興味をそそられますよね。

おかげさまで一万本突破！　東大教授が開発した英語学習法
東大生も絶賛の満足度**93**%

（たったの**30日で！**）

英語が苦手な私でも**字幕なしで**
映画を見られるようになりました！

キャリアアップを目指す社会人もできた！
就活で勝ちたい大学生もできた！
海外で生活することになった主婦もできた！

人はセールスレターを見たとき、とりあえずはメインのキャッチコピーと、その周りの文言だけは読んでくれます。そこで、メインのキャッチコピーしか見て貰えないとしたら勿体ないですよね。

なぜなら、キャッチコピーの周りに、見込み客の興味を引きつける文言を追加することで、読み手に対して訴求できるポイントが増えます。すると、もちろん、興味を持って読み進めようとしてくれる人の数が増えるので、より効果的なキャッチコピーになります。

ただし、一番強調すべきなのは第2章で導き出したメインベネフィットであることは覚えておいて下さい。

効果的なキャッチコピー周りの作成法

効果的なキャッチコピー周りは、以下の4つの要素でできています。

① 簡便性を表す文言

クロージングコピーの材料集めの項でもお話しましたが、人はいつでも、「簡単に素早く」望んでいることを達成する方法を求めています。したがって、キャッチコピーにも、そうした簡便性を表す言葉を入れることで反応率が高くなります。

キャッチコピー周りには、効果が出るまでにかかる時間や、簡単に実践できる文言を追加しましょう。

もちろん、中には簡便性を入れることができない商品もあります。そのときは、入れなくても大丈夫です。

② ニュース性を表す文言

次にニュース性です。人びとは、常に、新しい情報を求めています。そこで、キャッチコピー周りで、ニュース性を演出を演出することによって、反応率を高めることができます。ニュース性として使えるものは、たとえば、売上の推移やお客様の満足感が上げられます。

そうした材料がない場合は、キャンペーン割引や期間限定などの試みを意図的に行うことによって、ニュース性を出しましょう。

③ 商品のベネフィット or 特徴を表す文言

メインのベネフィット以外に、反応が良かったベネフィットがあれば、キャッチコピー周りで伝えましょう。メインのキャッチコピーは、メインベネフィット1つにする必要がありますが、キャッチコピー周りでは、他のベネフィットをどれだけ伝えても構いません。むしろ、他にも強力なベネフィットがある場合は、伝えた方が断然有効です。

④ 訴求ターゲットを広げる文言

メインキャッチコピーの作成段階では、ターゲットを極限まで絞りました。しかし、キャッチコピー周りでは、「こんな方にもオススメ！」のように、ターゲットを広げても構いません。こうすることによって、「いますぐ客」以外の、「おなやみ客」「そのうち客」にも、セールスレターを読んでもらえる確率が高くなります。

この4つの要素のうち、使えるものをすべて選んで、キャッチコピー周りの文言を作りましょう。

3-6 全体チェック

　さあ、セールスレターは、もうほとんど完成しているはずです。ここまで仕上げることができたら、一日寝かせてから、次の日に新しい気持ちでレターを読んでみましょう。そして、その際は、以下のチェックリストを参考にしてください。

■ キャッチコピーのチェックポイント ■

☐ **1.キャッチコピーのターゲットは曖昧になっていないか？**
　キャッチコピーは、ある特定の一人のターゲットを思い浮かべて書いただろうか？　思い出して欲しい。あなたがキャッチコピーでターゲットにするべきは、「いますぐ客」だ。欲張って「そのうち客」「おなやみ客」も取り込もうとすると、結局、「いますぐ客」の欲求さえ刺激することができなくなってしまう。

☐ **2.キャッチコピーは一番のベネフィットを強調しているか？**
　キャッチコピーは、商品の一番のベネフィットを簡潔に伝えるものでなければいけない。そして、ベネフィットを伝えるからこそ、読み手は、期待感を持ってセールスレターを読み進める。単なる特徴を伝えただけのキャッチコピーでは、誰の心も動かせない。必ず、読み手に一番響くベネフィットを前面に押し出そう。

☐ **3.キャッチコピーは読み手の感情を揺さぶるか？**
　もし、キャッチコピーで心が動かなければ、人はその先を読み進めてくれない。読み手の感情を揺さぶるキャッチコピーとは、「ここに、欲しくてたまらなかった快楽があるかもしれない」「ここに、

私をいつも苦しめている苦痛から逃れる方法があるかもしれない」
という強い欲求を起こさせるものだ。

☐ 4. キャッチコピーに「簡便性」を追加できるか検討したか？

すべての人間は頭では、そんなものはないとわかっていても、あっという間に望みを実現してくれる手段を追い求めている。つまり、「素早く簡単に」何かを叶えたいと思っているのだ。キャッチコピーに、「素早く」や「簡単に」のような言葉を入れても、うさん臭くなったりしないのであれば試してみよう。

☐ 5. キャッチコピーで売り気を出していないか？

キャッチコピーの目的は、ただ1つ。ボディコピーへと読み進めてもらうことだけだ。したがって、冒頭でいきなり、商品名を出したり、返金保証をうたったり、商品画像を見せたりしても意味はない。それよりも「ここに求めているものがあるかもしれない」と期待感を持ってもらえるようなものにしよう。

☐ 6. キャッチコピーとボディコピーのバランスは取れているか？

キャッチコピーは、セールスページ全体の雰囲気を決定づける。したがって、キャッチコピーに続くボディコピー、クロージングコピー、追伸のすべてが統一感と一貫性を持っていなければならない。キャッチコピーで宣言していることと、ボディコピーの内容、オファーの内容にずれがないようにしよう。

☐ 7. キャッチコピー後の書き出しで読者を引き込めているか？

文章の書き出しは、キャッチコピーの次に重要だ。ただの挨拶の言葉や、定型文で書き始めているとしたら、今すぐに変更しよう。ベネフィットを前面に押し出した後の、書き出しで伝えるべきなのは、あなたの商品やサービスを得ることによって、手に入れること

ができる「結果」だ。

☐ 8.キャッチコピー後の最初の3～5行で、読み手は頭の中に将来を描けるか？

　最初の3～5行を読んで、読者は、あなたの商品を使うことによって得られる未来を頭の中に思い描き、ワクワクすることができるだろうか？　または、あなたのセールスレターを読まなかったら損をするという気持ちになるだろうか？　最初の3～5行で、読者を一気にストーリーの中に引き込もう。

ボディコピーのチェックポイント

☐ 1.一貫して、商品の特徴ではなくベネフィットを伝えているか？

　人は商品の特徴には全く興味がない。読み手が唯一、知りたいと思っているのは、あなたの商品を手に入れることによって、何がどのように変わり、どういう生活を手に入れることができるかという未来だけだ。したがって、常に、商品を購入した際に得られるベネフィットを強く意識して書こう。

☐ 2.読み手の欲求や恐れを刺激しているか？

　人は物を買うかどうかの判断を感情で行う。つまり、手に入れたいという欲求が高まったとき、または、今抱えている悩みから解放されないという恐れを感じたときにお金を払って何かを買おうとする。感情のこもっていない理詰めのコピーでは、読み手の感情を刺激することを忘れていないだろうか？

☐ 3.「私」を「あなた」に言い換えているか？

　もし、セールスコピーの中で、「私」という言葉があるなら、その文章は、本当に必要なものかどうかをもう一度考えてみよう。セールスレターは、常に読み手を主人公にして書かなければいけない。なぜなら、コピーライティングは読み手のためのものであって、自分のためのものではないからだ。

☐ 4．1対1で話しかけているか？

　セールスコピーを書くときは、グループとではなく、一個人と向き合って、1対1で話しかけるように書こう。そして、あなたもライターとしてではなく、1人の人間として話しかけるように書こう。もちろん、話し相手は、キャッチコピー編で導きだした、たった1人のターゲットだ。

☐ 5.小見出しを効果的に使っているか？

　コピーライティングは、一文字一文字を読み進めてもらうことが目的だ。しかし、ほとんどの読者は、まず流し読みをしてから、気になる部分を重点的に読む。したがって、コピーの中に、魅力的な小見出しをうまく挟んで、流し読みする読者を文章に入り込ませる工夫をしよう。

☐ 6.難しい言葉を簡単に言い換えているか？

　自分の語彙や知識を自慢しようとして難しい言葉を使っていないだろうか？　コピーライティングは大学論文ではない。友人にメールを書くときのように、誰がみてもわかる言葉を選ぼう。

☐ 7.ひとつひとつの文章は短くまとまっているか？

　6行以上続くような長い文章があったら、分解して、1〜3行程度の文章にしよう。そうやって文章に一定のリズムを持たせること

によって、読みやすさは段違いになる。

☐ 8.不必要な文章はないか？

　コピーの量は必要最小限にしよう。「結果」「実証」「信頼」「安心」のどこにも属さない文章があったとしたら、思い切ってすべて削除してしまおう。なぜなら、コレ以外のパートは読み手にとって退屈で、特に意味のないものだからだ。

☐ 9.あなたの商品の独特な点を表現できているか？

　なぜ、他の似た商品ではなく、あなたの商品を買わなければいけないのか？　あなたの商品の何が、その他多数の類似商品より良いのか？　その理由をしっかりと伝えられているだろうか？　製法が違うのか？　技術そのものが違うのか？

☐ 10.曖昧なことを言っていないか？

　コピーの中で曖昧な部分を見つけたら、すべて具体的に言い直そう。たとえば、「集客効率が2倍になります」ではなく、「集客効率が1.59倍になります」など。また、「〜だと思います」ではなく、「〜です」と言い切るようにしよう。

☐ 11.友好的で人間味のあるコピーになっているか？

　もし、あなたの書いたコピーに挑発的で敵意のある感情がこもっていたら商品が売れないのは当たり前だろう。コピーの読み手が、「この人は私のことをわかってくれている」と思えるようなものになっているだろうか？　そのためには、たった一人のターゲットを頭に思い描きながら書き進めることが重要だ。

☐ 12. 感情／熱意はこもっているか？

不思議なことに、文章には書き手の感情や熱意が乗り移る。心から商品に自信を持っていて、この商品を多くの人に手に入れて欲しいという感情を持って書けているだろうか？

☐ 13. たとえ話を使っているか？

1つ2つのたとえ話を入れると、文章の読みやすさや感情移入のしやすさが倍増する。ぜひ試してみよう。1つのレターに、2〜5つぐらいのたとえ話が最適だ。

クロージングコピーのチェックポイント

☐ 1. あなたが素晴らしいオファーを提供する理由を話しているか？

見込み客は、なぜ、あなたがそれだけ素晴らしいオファーをしているのかを感じられるだろうか？　もし感じられないのなら、次のような一文を入れておこう。たとえば、価格が安いとしたら、「ダウンロード商品で配送コストがかからない」「過剰在庫を抱えていて倉庫に空きがないから」など。

☐ 2. 最低でも1つの特典を用意しているか？

特典を用意することで、クロージング効果を高めることができる。たとえば、商品を20000円で売っているとしたら、単独でその価格以上の価値のある特典を用意しよう。複数用意できるようならなお良い。

3.特典のベネフィットも伝えているか？

単に特典を用意するだけではなく、なぜ、その特典が必要なのかを説明しよう。もちろん、その際も特典の特徴ではなく、ベネフィットを伝えよう。

4.希少性を演出しているか？

あなたの商品に希少性はあるだろうか？　希少性がなければ、8割の人は決断を先送りにして、結局、いつまでたっても購入しない。あなたの商品は、いつまで販売しているのだろうか？　または、何個販売するのだろうか？

5.保証を強調しているか？

商品の保証は、信頼性を高める上で必要不可欠だ。たとえば、返金保証をするなら、購入から何日以内で、どのような場合に返金に応じるのかを、しっかりと伝えよう。

6.注文方法は簡単か？

読み手に、商品の注文方法を1から10まですべて具体的に伝えよう。銀行振込なら、その手順をすべて説明しよう。クレジットカードの入力フォームへの入力方法も、すべて丁寧に説明しよう。せっかく注文したいと思ってくれている人を迷わせてしまってはいけない。

7.お得感のある価格の提示方法をしているか？

価格は、ストレートに伝えるのではなく、できるだけお得な取引だと思ってもらえるような伝え方を考えよう。たとえば、まったく別の製品と比較したり、「1日当たり缶コーヒー1本分の価格です」と日割りで言い換えるなど、さまざまな方法がある。

☐ 8.コール・トゥ・アクションの文言は適切か？
　お申し込みボタンの文言のことだ。ここを、安易に「購入する」や「注文する」という文言にすると、反応率が落ちてしまう。ここにも、できる限り「無料」や「簡単」などの簡便性を表す文言を入れるようにしよう。

追伸コピーのチェックポイント

☐ 1.最後に追伸を書いているか？
　追伸は、必ず入れるようにしよう。多くの人は、レターを開いたら、まず価格をチェックしようとして、一番下を読む。そして、追伸は、そのときに、もっとも読まれやすい部分となる。追伸では、あなたの商品から得られるベネフィットや、期限の告知など、重要な情報を書いておこう。

☐ 2.商品を手に入れなかったら、どうなるか話しているか？
　もし、あなたの商品を手に入れなかったら、読み手が失うものをしっかりと説明しよう。

その他のチェックポイント

☐ 1.あなたの情報をしっかりと開示しているか？

　あなたの住所や名前、メールアドレスなどしっかりと開示しているだろうか？　もし、これがなければ、人はお金を持ち逃げされると心配する。

☐ 2.注文フォームは機能しているか？

　注文フォームが、ちゃんと動いているかどうか必ず確認しよう。これを怠ると、大金を逃してしまうことになる。

☐ 3.重要な部分を太字で強調しているか？

　絶対に読み飛ばして欲しくない部分は、必ず太字にしたり目立つ色にしたりしておこう。逆に、太字で強調する箇所が多くなり過ぎないようにしよう。

☐ 4.文字のサイズは読みやすい大きさになっているか？

　特別な理由がないなら、文字のサイズは14pt以上で、フォントはゴシック体を使おう。

☐ 5.レターを声を出して読んでみたか？

　実際に声を出してレターを読むと、読みにくい部分やわかりづらい表現がよくわかる。そして、誤字や脱字の箇所も一目瞭然だ。したがって、最後に、必ずレターを声に出して読んでみよう。

☐ 6.検証→分析→改善→検証のサイクルを確保しているか？

　セールスレターに100％はない。そして、本当の効果は実際に試してみなければわからない。そこで重要となるのが、検証→分析→改善→検証の工数を最初から確保しておくことだ。

おわりに

　ここまで、セールスコピーライティングで結果を出すための方法を具体的に解説してきました。本書で解説してきたことを理解し、そして実践していただけば、自然と結果はついてくると思います。

　最後に、私達が一番大切だと思うことについてお話します。それは、本当に集中すべきなのは「良い商品、サービスを作ること」だということです。セールスというのはビジネスに必要なことですが、セールスの技術を磨くことよりも大事なのは「お客様にとって本当に良い価値を届ける」ことです。

　もし、あなたが売っている商品が悪い商品だったとしたら、その商品をどうやって売るかということのみに集中して、セールスのテクニックばかりをあれこれ考えて悩んでしまうことでしょう。さらにそれは、人をだますことにもつながっていきます。一方、あなたが売っているのが良い商品ならば、お客様にその商品の良ささえ伝われば、セールステクニックにそれほど頭を悩ませなくても商品は自然と売れていくものです。

　私達はこれまで、セールスだけを突き詰めようとし、セールスだけに走ってつぶれていった会社をいくつも見てきました。そしてこれから先も、そうした会社がもっともっとつぶれていくことと思います。

　そうならないためにも、お客様にとって本当に良い価値を届けること。あくまでもそれを補完するために、本書を使っていただければ幸いです。

●著者プロフィール
バズ部
株式会社ルーシーが運営するWebマーケティングメディア「バズ部」(http://bazubu.com)
コンテンツマーケティングやSEO、ソーシャルメディアの分野で最先端のノウハウを公開している。

装丁	SelfScript
本文設計・組版	中村 文 (tt-office)
編集協力	岩根 彰子
担当	細谷 謙吾

■お問い合わせについて

本書の内容に関するご質問につきましては、下記の宛先までFAX または書面にてお送りいただくか、弊社ホームページの該当書籍のコーナーからお願いいたします。お電話によるご質問、および本書に記載されている内容以外のご質問には、一切お答えできません。あらかじめご了承ください。

また、ご質問の際には、「書籍名」と「該当ページ番号」、「お客様のパソコンなどの動作環境」、「お名前とご連絡先」を明記してください。

●宛先
〒162-0846
東京都新宿区市谷左内町21-13
株式会社技術評論社　雑誌編集部
「10倍売れるWebコピーライティング」係
FAX：03-3513-6173

●技術評論社Webサイト
https://gihyo.jp/book/

お送りいただきましたご質問には、できる限り迅速にお答えをするよう努力しておりますが、ご質問の内容によってはお答えするまでに、お時間をいただくこともございます。回答の期日をご指定いただいても、ご希望にお応えできかねる場合もありますので、あらかじめご了承ください。

なお、ご質問の際に記載いただいた個人情報は質問の返答以外の目的には使用いたしません。また、質問の返答後は速やかに破棄させていただきます。

10倍売れるWebコピーライティング
―コンバージョン率平均4.92%を稼ぐランディングページの作り方

2014年 5月25日 初版 第1刷 発行
2021年11月19日 初版 第8刷 発行

著　者	バズ部
発行者	片岡 巌
発行所	株式会社技術評論社
	東京都新宿区市谷左内町21-13
	電話　03-3513-6150　販売促進部
	03-3513-6177　雑誌編集部
印刷・製本	昭和情報プロセス株式会社

定価はカバーに表示してあります。

本書の一部または全部を著作権法の定める範囲を越え、無断で複写、複製、転載、あるいはファイルに落とすことを禁じます。

造本には細心の注意を払っておりますが、万一、乱丁（ページの乱れ）や落丁（ページの抜け）がございましたら、小社販売促進部までお送りください。送料小社負担にてお取替えいたします。

©2014 バズ部
ISBN978-4-7741-6441-0 C3055
Printed in Japan